학습의 뿌리가 되는 **문해력** 키우기

초등 글쓰기가
입시를 결정한다

학습의 뿌리가 되는 **문해력** 키우기

초등 글쓰기가 입시를 결정한다

박은선 지음

빌리버튼 billy button

초등 언어의 세계가
아이의 미래다

제 첫 책인 《초3 공부가 고3까지 간다》를 보신 부모님들은 하나같이 "제목 첫인상이 무시무시해요."라고 말합니다. 초3 공부 실력이 고3 성적표가 될 듯한 두려움에 책장을 펼쳤다가 마지막 장을 덮으며 '맞아, 초3의 공부 습관이 고등 시절에 공부하는 기초가 되지.'라며 공감했다는 이야기를 전해 들었습니다.

이번 책도 과격한 제목으로 난감하셨을 수도 있겠습니다. 초등 글쓰기가 입시를 결정한다니, 떨리는 마음으로 프롤로그를 읽고 계실 거예요. 이제 막 글쓰기를 배우는 아이들의 실력이 대학의 간판을 바꾼다니 놀라셨을 겁니다.

고등 입시는 여지없이 글쓰기와 직결되어 있습니다. 전 과목 평가계획만 봐도 알 수 있지요. 제가 몸담고 있는 고등학교의 고1 평가계획의 일부를 보여드리겠습니다.

국어 완독한 책에 대해 진로와 관련한 자신의 생각을 정리하고 총평을 글로 쓴다.

영어 읽은 내용에 대한 자신의 생각과 감상을 영어로 쓰고 발표할 수 있다.

수학 수학과 관련된 주제를 선정하여 수학적 개념 및 원리를 파악하는 보고서를 작성한다.

한국사 역사적 관점에서 두 인물을 평가하는 글을 창의적으로 작성하고 발표한다.

통합사회 인간과 사회의 관계에 관해 공간적, 통합적 사고 과정을 담은 글을 작성한다.

통합과학 과학 도서를 읽고 독후감을 작성하고 발표와 토론 활동을 할 수 있다.

체육 올림픽 경기를 감상한 후 스포츠의 가치를 논술할 수 있다.

음악 논리적인 글쓰기를 통해 작곡가의 생애와 특징을 표현한다.

미술 미술 작품을 감상하고 미술사적 가치에 대해 자신의 견해를 서술한다.

전 과목에서 '쓴다, 작성한다, 서술한다, 토론한다, 설명한다, 발표한다.'라는 과제를 제시합니다. 수업 시간에 쓰고 말하는 활동이 모두 점수가 됩니다. 국, 영, 수는 물론이고 예체능 과목까지도 말이지요. 이러한 활동은 적게는 5점에서 많게는 20점의 배점이 있습니다. 입시를 앞두고 절대 무시할 수 없는 점수입니다. 맞습니다. 글쓰기는 입시를 결정합니다.

하지만 글쓰기는 만만치 않습니다. 자기 생각을 논리적인 근거를 들어 설명해야 하고 주제에 맞게 타당한 문장을 나열해야 합니다. 분량도 맞추어야 하고 적절한 어휘, 정확한 문법, 효과적인 문단 구성력도 갖추어야 해요. 가장 중요한 것은 글 속에 전달하고자 하는 명확한 메시지가 있어야 합니다.

글쓰기 실력은 단기간에 완성되지 않습니다. 고등학교에 가서 해결하려고 하면 이미 늦습니다. 그렇다고 그림일기를 쓰기 시작한 아이들에게 고등학교에서 쓸 법한 논설문을 당장 쓰라고 시키자는 건 아니에요. 글쓰기를 시작하는 시점부터 아이의 인지발달에 맞게 수준과 실력을 차츰 올려야 합니다. 학교에서 하는 글쓰기만큼은 자신감을 보이고 두려움이 없도록 말이지요.

글쓰기는 독서와 짝꿍입니다. 잘 쓰인 문장을 자주 보면 잘 쓰는 방법도 터득하게 됩니다. 서사로 이어지는 글을 읽고 스토리의 흐름에 익숙해지면 글쓰기에 대한 감각이 익혀집니다. 배경지식, 문해력을 위해서도 독서는 필수입니다. 학년에 맞게 독서 수준을 높이며 글쓰기도 병행해야 해요.

앞서 말씀드렸듯 학교 수행평가에서 쓰기만큼 주된 활동은 말하기입니다. 지금 초등학교에서도 활발히 이루어지고 있는 발표, 토론 활동은 고3까지, 아니 대학, 사회생활까지도 이어집니다. 사람들 앞에서 자기 생각을 막힘없이 논리적으로 말할 수 있어야 해요.

지금 아이가 고3도 아닌데 준비해야 할 게 많은 것처럼 느껴지시죠? 아이가 성장해서 고등학교에 갔을 때 어떻게 쓰고 말할지를 생각하며 천천히 준비해 봐요. 초등 때부터 당당한 공부 자신감을 지니도록 쓰기, 말하기에 대한 첫 단추를 어떻게 끼워야 할지 고민해 보자는 겁니다.

이 책에는 입시에 성공하고 싶은 엄마의 마음을 담아 초등학생인 제 아이에게 적용한 읽기, 듣기, 말하기, 쓰기 공부의 방법을 실었습니다. 입시와 연결된 말하기와 쓰기의 중요성을 알고 초등부터 차근차근 준비하는 과정을 담았어요. 저는 그다지 영민한 사람은 되지 못해요. 아이와 함께 책을 읽고 토론하거나 논술문을 첨삭해주지도 않습니다. 어려운 어휘를 가르쳐주고 문장을 유려하게 쓰는 방법을 직접 지도하지 않아요. 학교 일도 하고 글도 써야 하는 바쁜 엄마여서요. 매일 읽기, 듣기, 말하기, 쓰기를 최소한의 노력을 들여 실천하고 있습니다.

책에서 소개된 모든 교육 방법은 제가 자녀와 실제로 한 활동입니다. 멀리 보고 공부 기초 체력을 키우고 싶은 부모님들께 도움이 되었으면 좋겠습니다. 아이의 공부에 형식보다 내용을, 암기보다 이해를, 강제보다 자율을 중심에 두었다면 하나씩 실천해보시길 바랍니다. 문해력, 사고력, 문제 해결 능력, 비평 능력, 공감 능력, 자기 주도성은 저절로 따라온다는 걸 몸소 체험하실 겁니다.

지금껏 엄마를 믿고 독서와 쓰기를 즐겁게 하는 큰아이에게 감사를 전합니다. 엄마들에게 제 교육 노하우를 공유할 수 있는 기회를 주신 빌리버튼 출판사에게도 고마움을 표합니다. 그리고 제 책에 공감해주시는 독자님, 진심으로 감사합니다.

이 책을 통해 아이가 초등학교 교실에서 떳떳하게 목소리를 내고 공부에 대한 태도와 실력을 갖출 수 있는 현실적인 방법을 알게 되실 거라 확신합니다. 든든한 가정에서 긍정의 말과 글을 경험한 아이는 자연스레 학교에서 말하기와 쓰기로 칭찬받게 될 거예요. 초등에서 시작해 고등까지 정성 들인 아이의 값진 언어 습관은 행복의 문을 열게 할 것입니다.

넓고 깊은 언어로 빛나는 아이의 미래를 응원합니다.

2022년 가을을 맞이하며.

박은선 드림.

contents

Part 1

초등 국어 능력이
평생 공부의 기초가 된다

Part 2

습관이 되는
독서

Part 3

일상이 되는
토론

Part 4

실력이 되는
논술

초등 국어 능력이
평생 공부의
기초가 된다

국어 능력이
모든 공부의 기본

국어 능력이 공부를 말한다

아이가 공부를 잘하길 바랍니다. 최상위권 성적이면 좋겠습니다. 일류대학에 가고 사회에서 성공까지 한다면 더할 나위 없습니다. 그래서일까요? 13년 동안 중·고등학교에서 아이들을 가르치며 '내 아이가 어떻게 하면 공부를 잘하게 할 수 있을까?'에 대해 고민하며 수업 전반의 상황을 관찰했습니다. 우등생들의 공통점에 대해서도요.

아시다시피 학교 공부의 기본은 교과서입니다. 교과서는 글로 되어있어요. 공부란 기본적으로 교과서에 실려 있는 글을 읽고 이해할 수 있어야 합니다. 어휘력이 부족해서, 읽기 수준이 되지 않아서 교과서를 이해할 수 없으면 공부는 딴 세상 이야기입니다.

중·고등학교는 성적과 직접적으로 연관되는 수행평가가 있습니다. 수행평가 중 서·논술형 평가는 과목을 불문하고 필수로 국, 영, 수는 물론 예체능 과목도 최저 20% 이상을 차지하고 있습니다. 한 번은 중학교 1학년 아이가 논술형 평가를 보며 '의의'라는 단어의 뜻을 알지 못해 답안을 제대로 작성하지 못했던 적이 있습니다. 문제도 이해하지 못하는 데, 좋은 답안을 기대하기는 어렵습니다.

비단 서·논술형 평가만 해당하지 않습니다. 지필고사를 보면 선생님들이 혹시나 문제가 잘못되었을까 각 교실을 순회하는데요, '개연성', '완곡한', '일관되게' 등 문제에 나온 어휘를 알지 못해 질문하는 학생이 시험마다 꼭 나타납니다. 이런 아이들이 교과서는 제대로 이해하고 있을지 의문입니다. 지필고사나 수행평가는 모두 교과서에서 나온 글을 그대로 인용하고 있는데 말이지요.

직설적으로 말씀드리면 국어 능력이 곧 공부 능력입니다. 우리말을 제대로 이해하고 활용할 수 있는 능력이 있어야 공부 실력도 늘어납니다. 국어 능력은 우리나라 사람이 한국어를 구사하고 활용하는 능력을 말합니다. 일상생활에서 소통의 어려움이 없어야 할 뿐 아니라 학년에 맞게 교과서에 나오는 내용을 이해하고, 발표하고, 글로 알맞게 표현할 수 있어야 합니다.

초등 교육과정에서는 국어에서 듣기, 말하기, 읽기, 쓰기, 문법,

문학을 배우는데요. 이는 고등학교까지 비슷한 양상으로 이루어집니다. 특히 듣기, 말하기, 읽기, 쓰기는 다른 교과의 학습 및 비교과 활동과 범교과적으로 연계되어 있습니다. 제 학년에 맞는 듣기, 말하기, 읽기, 쓰기 실력이 갖추어 있지 않으면 국어뿐 아니라 다른 교과에도 영향을 미친다는 말입니다. 국어 능력은 모든 학습의 중요한 토대가 됩니다.

국어 능력 키우기는 초등이 적기

아이가 아기였을 때를 생각해 보면 언어를 습득하는 게 경이롭기만 합니다. 언어학자들의 말처럼 유아기 시절에는 언어가 폭발적으로 발달하는 걸 눈앞에서 볼 수 있습니다. 하지만 한글을 떼고 학교에 들어가면 모든 언어 발달이 끝난 것 같은 생각이 듭니다. 혼자 글자를 읽을 수 있고 그림일기도 대충 쓸 수 있거든요. 아이에게 언어를 가르치려고 쏟던 관심도 점점 시들해집니다.

언어 발달이 아이마다 속도는 다르겠지만 일반적으로 초등 시절에는 교과서에 있는 내용을 완전하게 이해하도록 국어 능력이 갖추어져야 합니다. 글자를 혼자 읽는 것과 글을 이해할 수 있는 것은 다른 문제입니다. 아이의 국어 능력을 키우기 위해서는 초등까지 끊임없이 관심을 둬야 합니다. 중·고등학교 때 아이를 억지로 학원에 보내는 것보다 초등 때 쏟는 시간과 정성이 더 큰 결과의 차이를 가져옵니다.

미국에서 생후 18개월부터 13세까지 고립되었다가 구출된 지니라는 아이가 있습니다. 부모는 있었지만 어떠한 언어 자극도 없이 집에서 갇혀 있다가 발견되었습니다. 구출 이후 지니는 10여 년 동안 집중적인 언어 재활 프로그램에도 모국어를 습득하는 데 어려움이 있었다고 합니다. 이 사례뿐 아니라 인도에서 발견된 늑대 소년 등의 야생아들은 언어를 배우는 데 결정적 시기가 있다는 점을 시사합니다.

언어 발달엔 적기가 있습니다. 보통 외국어를 배울 때 사춘기 전에 배워야 머리가 말랑말랑해서 잘 습득한다고 하지요. 뇌 발달 면에서도 만 12세까지 뇌의 90% 이상이 발달된다고 하니 언어 발달이 가장 확장되는 때는 유·초등 시기입니다. 언어학자들은 유아기 시절 이상으로 초등 시기에 어휘력이 폭발적으로 증가하다가 사춘기를 지나며 둔하게 발전한다고 말합니다. 따라서 이 시기에 어떤 자극을 주었는지에 따라 언어의 발달 양상이 결정됩니다.

물론 성인이 되어서도 안 읽던 책을 읽고, 외국어를 원어민처럼 구사하는 능력을 기를 수 있습니다. 하지만 저는 아이가 중·고등학교에 가서 공부를 수월하게 하길 바랍니다. 그러기 위해서 초등까지 언어 감각을 깨워줄 수 있는 다양한 환경을 제공하는 게 효율적이라고 결론을 내렸습니다. 언어를 자유자재로 활용할 수 있는 능

력, 즉 국어 능력을 키우기 위해선 유아기뿐 아니라 초등 시기에 집
중해야 합니다.

국어 능력이 곧 공부 자신감

고등학교에서 공부를 잘하는 아이들은 자기 생각을 논리적인 이
유를 들어 조리 있게 말합니다. 토론 활동에서도 의견을 내는 데 주
저함이 없고 당당하게 말합니다. 내성적인 아이라 할지라도 평가에
필요한 말하기는 아나운서처럼 반듯하게 말합니다. 자세부터 내용
까지 나무랄 것이 없습니다.

고등학교도 이런데 초등학교 교실을 상상해보세요. 온라인 수업
이 이루어지면서 상상만 했던 교실의 모습을 보게 되었습니다. 어
떤 아이들은 수업 시간에도 조잘조잘 말을 합니다. 수업 내용과 관
련 없는 내용을 서슴없이 말하는 아이가 있는가 하면 선생님의 질
문에 올바르게 대답하는 아이가 있습니다. 모둠 활동 시 리더의 역
할을 하는 아이는 누구일까요? 예상하셨겠지만 수업시간에 똑 부러
지게 정답을 말하는 아이입니다.

아이가 초등학교에 입학하면 엄마들 사이에선 똘똘한 아이 하나
를 알아야 한다고 하잖아요. 알림장을 매번 까먹는 내 아이 대신 소
식통이 필요합니다. 이 아이의 똘똘함은 선생님의 말씀에 집중해서

듣는 능력, 필기하는 쓰기 능력에서 나옵니다. 우수한 언어 능력 바탕 위에 가능한 일이지요. 안 봐도 뻔하겠지만 수업 활동에도 적극적일 거예요.

초등 시절 국어 능력은 공부 자신감으로 이어집니다. 말하기, 듣기, 읽기, 쓰기 능력이 좋은 아이들은 수업 활동에 귀와 입을 열어 집중합니다. 수업에 적극적으로 임하고 공부도 곧잘 합니다.

아직 대학 입시를 위한 본격적인 공부가 시작되지도 않았는데 벌써부터 교실에서 주눅 들지 않았으면 합니다. 국어 능력을 바탕으로 수업 내용을 제대로 이해하고 즐겁게 공부하길 바랍니다. 그렇게 다져진 공부 자신감은 학년이 올라가도 공부에 대한 정서를 형성하는 데 중요한 역할을 합니다. 초등 시절 공부를 좀 해본 아이들이 중·고등학교에서도 잘할 확률이 높기 때문입니다.

02

변하는 입시에 필요한 건
결국 국어 능력

단기간에 습득할 수 없는 국어 능력

"이제 국어 학원 알아봐야죠."

고등학교에 올라오자마자 아이들은 하나같이 국어 학원을 알아봅니다. 고등학생이 되어서 성적의 발목을 잡는 과목은 영어도 수학도 아닌 국어라고 해요. 인문 계열, 자연 계열 할 것 없이 대학 입시 결과의 비중과 영향력이 큰 과목은 국어입니다.

초등 저학년 때는 예체능 학원, 고학년 때는 영어 학원, 중학교 때는 수학 학원에 집중합니다. 학원에 시간을 쏟아부은 탓에 책 읽을 시간도 없었던 아이들은 고등학생이 되어서야 급한 불을 끄러 국어

학원을 들락날락합니다.

안타깝게도 국어 능력은 학원에서 단기간에 올릴 수 있는 게 아닙니다. 주변을 둘러봐도 그렇지 않나요? 어릴 때부터 책에 푹 빠져 지낸 아이가 수능 공부는 따로 하지 않았는데 국어에서 1등급을 맞았다는 소식을 종종 듣습니다. 몸에 체화된 독해력, 어휘력, 사고력이 자동으로 발휘되어 문제를 풀게 되니 그럴 수밖에요.

다른 과목도 마찬가지입니다. 글쓰기 실력만 봐도 아이의 공부 성과를 대략 짐작할 수 있습니다. 고1 학생이 미술 시간에 쓴 비평문의 부분을 보여드릴게요.

'작가의 의도만을 중시하는 팝아트, 레디메이드, 개념미술 등의 작품이 우후죽순으로 쏟아져 나오고 있는 현 세태가 안타깝다. 세계대전 이전의 아름다움을 중시하던, 보는 이로 하여금 미적 만족감과 긍정적인 감정을 느끼게 해주었던 예술로의 회귀가 그리워진다.'

고1 남자아이가 데미안 허스트의 〈살아있는 자의 마음속에 있는 죽음의 육체적 불가능성〉이라는 작품을 감상하고 쓴 비평문의 일부분입니다. 배경지식에서 묻어나는 미술 용어, 상식에서 나오는 어휘력과 문장력이 돋보입니다. 짧은 글이지만 비판적 사고력도 드러나 있습니다.

미술 수행평가만 봐도 다른 과목의 학업 성과를 짐작할 수 있었습니다. 담임 선생님께 물으니 웬걸요, 그 아이가 국, 영, 수도 그 반 1 등을 도맡아 한다고 하더라고요.

고급 어휘를 쓰고 맥락에 맞게 자기 의견을 논리적으로 자연스럽게 쓰는 것은 하루아침에 할 수 없는 일이에요. 쓰기가 언어에 있어 꽃으로 비유되는 만큼 싹을 틔우고 꽃을 피우기란 쉽지 않습니다. 다년간 다져진 독서와 언어 자극이 있으리라 확신했고 제 예상처럼 독서가 취미였습니다.

급하게 국어 학원에 다닌 고등학생들은 학원에서 문제 푸는 기술을 배우고 옵니다. 정작 수능에서 요구하는 다양한 요소 중 독해력을 정복하지 못해 좋은 성적을 받기가 어렵습니다. 글의 형식은 분석해도 글이 담고 있는 의미를 통찰력 있게 읽지 못한다는 말이에요. 몇 달 다니는 학원으로, 몇 주 보는 인터넷 강의로는 국어 능력을 키우기 어렵습니다. 어린 시절부터 꾸준히 양질의 언어 환경에서 국어 능력을 개발해야 하는 이유입니다.

국어 능력이면 서술형 수능도 문제없어

우리 아이들이 대학을 갈 때쯤이면 서술형 수능이 도입될 수 있다고 합니다. 이미 프랑스, 싱가포르, 중국 등 많은 국가에서는 입시에서 서술형 문항을 채택하고 있습니다. 우리나라도 설마 그렇게 될까 싶지만, 완전히 말이 안 되는 상황도 아닙니다. 제가 치른 임용고사 시험 문제는 서술형이었습니다. 문제를 읽고 주저리주저리 문장으로 답을 써야 했어요. 서술형 답안을 객관적으로 점수를 매겨 교사를 선출하는 걸 보니 수능도 가능하리라 봅니다.

아이들의 학교 교육은 천천히 학생 중심으로, 과정 중심으로 변해왔습니다. 암기 위주에서 이해 중심으로, 주인공은 선생님에서 학생으로 변화되어왔습니다. 서술형 수능이 도입된다고 아이들에게 갑자기 크나큰 변화가 오지는 않습니다. 오늘의 학교 교육 과정이 손바닥 뒤집듯 바뀔 수 있는 게 아니니까요.

초등 시절 평가가 없는 것도, 수행평가의 비율이 점점 늘어나는 것도 모두 미래 교육을 위한 발걸음입니다. 지금 아이의 교과서를 펼쳐보세요. 토론, 실험, 논술, 프로젝트 수업 등 다양한 방식으로 아이들의 참여를 요구합니다. 아이들은 이미 토론 수업, 발표 수업, 서술형 평가, 논술형 평가에 익숙합니다. 수능이 서술형으로 바뀐다는 건 이러한 교육 흐름의 연장선으로 이해할 수 있습니다.

불안해하지 마세요. 국어 능력이 탁월한 아이들은 서술형 수능에도 금방 적응하며 두각을 드러낼 것입니다. '서술형 문제의 도입으로 객관적 평가가 가능할까?', '어디까지 정답으로 봐줄 것인가?' 등 공정성에 있어 의심이 들 수 있습니다. 그러나 임용고사 서술형 평가가 그랬듯 대학의 신입생을 뽑는 평가인 만큼 객관적인 지표가 꼭 있으리라 생각합니다. 객관적으로 점수를 매길 수 있도록 서술형 문제에는 정확하게 요구하는 답이 있습니다. 답안을 쓸 때는 문장을 구성하는 능력도 중요하지만, 문제의 핵심을 꿰뚫고 원하는 정답을 써내는 지식과 감각이 필요합니다.

저는 아이가 어떤 변화에도 흔들리지 않도록 국어 능력 키우기를 선택했습니다. 학교 공부, 그리고 앞으로 입시에도 듣고 말하고 읽고 쓰는 능력이 중요하다는 걸 알고 있습니다. 방향을 알고 있으니 아이에게 필요한 역량을 키워주고 싶습니다. 아이가 지금 단원평가에서 백 점을 받지 못해도 초조하지 않습니다. 수학 선행을 하지 못해도 불안해하지 않습니다. 다만 단원평가에서 문제 자체를 이해하지 못하는 것엔 심장이 덜컥 내려앉습니다.

멀리 보고 본질을 보세요. 모든 부모가 우리 아이가 좋은 대학에 갔으면 하는 마음에 공부를 시키고 학원에 보냅니다. 모든 교과는 글로 되어있고 문자를 읽고 제대로 뜻을 이해하는 것부터 해야 합니다. 학년에 맞게 필요한 어휘를 습득하고 자기 것으로 만들어 표현할 수 있어야 해요. 지금 당장 학원에서 내주는 영어 단어를 못 외웠다고 큰일 나지 않습니다. 학교에서 배우는 단원의 주요 문장을 이해하지 못하는 게 더 심각한 일이에요.

입시가 바뀌어도 뼈대는 변하지 않습니다. 서술형 수능이 도입되어도 교과서는 책의 형태로 주어질 겁니다. 아이가 배우는 교과서의 핵심 내용도 지금과 크게 달라지지 않습니다. 교과서에 쓰이는 어휘, 필수 용어가 바뀌지 않는다는 말이에요. 답을 쓰기 전에 우리 아이가 문제를 제대로 파악해야 하잖아요. 주어진 지문도 파악하지 못하는데, 정답을 쓰는 건 불가능합니다. 아이의 국어 능력은 요동치는 입시제도의 변화에도 성적을 보장해 줍니다.

입시를 넘어 풍요로운 사회 생활을 위해

하버드 대학은 전공에 상관없이 4년 이상 글쓰기 수업을 들어야 하는 걸로 유명합니다. 리처드 J. 라이트 교수는 《하버드 수재 1600명의 공부법》을 통해 "하버드생들이 4년 동안 가장 신경 쓰는 분야가 글쓰기다. 자신의 생각을 글로 표현할 줄 아는 능력은 대학 생활은 물론 직장에서도 가장 중요한 성공 요인이다."라고 밝혔습니다. 실제로 하버드의 로빈 우드 박사는 40대가 된 하버드 졸업생 1,600명을 대상으로 조사한 결과 졸업생의 90% 이상이 여러 기술 중에서도 '글을 잘 쓰는 기술'이 지금 하는 일에 가장 중요한 능력이라고 답했습니다. '사교성', '리더십', '창의력'으로 답하리란 예상을 빗겨 간 결과입니다.

보통 언어 활동은 듣기, 말하기, 읽기, 쓰기 순으로 진행됩니다. 글쓰기는 언어 활동에서 가장 고차원적인 사고가 요구되는 활동이지요. 국어 시간에서도 가장 나중에 배우는 영역이 글쓰기입니다. 듣기, 말하기, 읽기가 탄탄하게 이뤄져 있어야만 논리적으로 문장을 배열하는 능력이 생깁니다. 그래서인지 글을 잘 쓰는 아이들이 모두 공부를 잘하는 건 아니지만, 공부를 잘하는 아이들은 모두 글을 잘 씁니다.

글쓰기 능력은 사회에서도 빛을 발합니다. 하버드 대학의 인재들이 글쓰기 능력을 직장 생활의 성공 요인이라고 꼽았듯이 사회에서 무기가 될 수 있습니다. 지난 2005년 전미 가족·학교·대학 작문위원회는 작문수상자로 기업가 워렌 버핏의 연례 주주 보고서를 수상작으로 뽑았습니다. 기존에는 문학 작품만을 선정해왔기에 이례적인 일이었습니다. 이 사례는 글재주가 리더의 덕목 중 하나임을 정확하게 말해주고 있습니다. 워렌 버핏의 보고서는 명료성, 통찰력, 기지 등으로 가득 차 있었다고 평가받았습니다. 전문가들은 하나같이 워렌 버핏이 글도 잘 쓴다고 말하기보다 '글을 잘 써서 리더가 되었다.'라고 언급했습니다.

직장 생활은 출근부터 퇴근까지 글쓰기의 연속입니다. 작은 메모부터 회의 내용 기록하기, 이메일 작성, 보고서 정리, 기획서와 제안서 등 각종 문서 작성이 주를 이룹니다. 글쓰기 실력이 리더의 덕목 중 하나라는 게 과장된 말이 아닙니다. 자기 생각과 가치관이 논리적으로 보이는 게 글이기 때문입니다.

단순히 아이의 학창 시절 공부만을 위해 국어 능력을 키우려는 게 아닙니다. 공들여 기른 국어 능력은 분명 보고서 하나에도 주관, 통찰력, 지식, 품위가 자연스럽게 묻어나게 해줄 것입니다. 공부를 넘어 아이의 사회생활을 위해서 국어 능력은 아이 역량의 핵심이 될 것입니다.

03

아이의
국어 능력을 키우려면

언어 감각보다 습관의 힘

저는 미술 감각이 뛰어납니다. 어릴 때부터 그림을 잘 그렸어요. 중학교 때까지 미술 학원을 다니지 않았는데도 교내 미술대회에서 줄곧 상을 받았습니다. 사람마다 타고난 재능이 있다더니 정말 그런 것 같습니다. 운동 신경이 좋은 아이들, 절대 음감인 아이들, 수학 머리가 있는 아이들, 누가 가르쳐 주지 않았는데도 한 분야에 뛰어난 재능을 보이는 아이들은 분명 존재합니다.

언어 감각도 그렇습니다. 가르치지 않아도 스스로 한글을 떼는 아이들이 더러 있습니다. 5개 국어를 능수능란하게 구사하는 사람은 우리와는 다른 뇌를 가지고 태어난 게 맞습니다. 언어 감각이 뛰어난 부류의 사람들은 평범한 사람들이 10개의 영어 단어를 외울 때보다 훨씬 짧은 시간에 효율적으로 공부할 것입니다.

언어 감각이 탁월한 사람이 국어 능력을 키우는 데 유리한 게 사실입니다. 하지만 손 놓고 있을 수만은 없습니다. 다중지능이론을 말한 가드너도 그랬고, 언어의 상호작용 중요성을 말한 비고츠키도 말했습니다. 아이가 타고난 지능도, 언어 성장도 교육환경에 따라 일정 수준 이상으로 발달할 수 있다고요.

여섯 살이 된 둘째 아이의 언어를 보면 새삼 놀랍습니다. 제가 하는 말투와 어휘를 그대로 따라 하고 있거든요. 또래보다 말이 늦어 걱정했지만 자기 전에 읽어주던 그림책은 다섯 살이 되어 차츰 효과가 나타났습니다. 이제는 또래 아이와 비슷하게 말을 하고 글자를 읽어냅니다.

언어 감각을 타고 나지 않은 아이지만 습관의 힘이 이렇게 강력합니다. 가정에서 환경과 루틴을 어떻게 조성하느냐에 따라 아이의 국어 능력을 키울 기회가 늘어납니다. 독해력이 좋아지는 것도, 어휘력이 풍부해지는 것도, 말하기 실력이 높아지는 것도, 글쓰기 재주가 탁월해지는 것도 말입니다.

우리가 하는 행동의 95%는 습관에서 비롯된다고 합니다. 아이의 언어도 생활도 선천적으로 타고난 것보다 주변의 환경에 영향을 많이 받습니다. 특히 언어는 무의식적으로 사용되기에 습관이 더 무섭습니다. 아이들의 언어습관은 가정 안 언어문화의 결과물입니다. 늘 스마트폰만 들여다보는 엄마와 항상 책을 읽고 있는 엄마 중 어떤 환경이 아이의 국어 능력에 도움이 될지는 답하지 않아도 아실 거예요. 매일 컴퓨터 게임 1시간으로 일과를 마무리하는 아이와 독서 1시간으로 하루를 마무리하는 아이의 언어 능력의 차이는 불 보듯 뻔합니다.

아이 인생에 최고의 유산이 될 국어 능력을 길러주세요. 습관의 힘으로 반듯하게 자라는 아이를 바라봐 주세요. 엄마가 비옥한 토양을 제공하고 날마다 신선한 물을 주세요. 양질의 언어 환경을 매일 매일 만들어주자는 겁니다. 이 아이들의 가치관의 뿌리는 단단해지고, 생각의 줄기는 무럭무럭 뻗어나갈 것입니다.

들어주고 기다리는 부모

큰아이는 소근육 발달이 느린 편입니다. 아기였을 때부터 그랬어요. 네 살이나 어린 동생은 야무지게 단추를 채우는데도 초1이 된 아들은 제대로 단추를 채워 본 적이 없습니다. 초3이 되었어도 운동화 끈을 올바르게 못 묶어 찍찍이가 달린 운동화를 신었습니다. 젓가락질도 초3이 되어서 겨우 시도했습니다. 아이의 글씨는 그려지시죠? 유치원생인 동생이 또박또박 글씨를 더 잘 씁니다. 그래도 초

4가 된 직후부턴 손가락에도 힘이 생기나 봅니다. 젓가락질도 제법 하고 리본도 묶을 줄 압니다. 색칠도 꼼꼼하게 할 수 있고요. 이제야 글씨 교정을 할 때다 싶었습니다.

신체 발달이든 언어 발달이든 아이마다 속도는 다릅니다. 걷지도 못했던 아기가 걷기까지 12개월이 지나야 했습니다. 그마저도 제 아이는 만 18개월이 걸렸습니다. 문장으로 말하는 데까지는 더 많은 시간이 필요했지요.

아이가 평균보다 조금이라도 늦어지면 걱정이 되는 건 당연한 부모 마음입니다. 시간이 더 걸리겠거니 생각이 들다가도 내 아이가 뒤처지는 건 아닌지 생각이 듭니다. 초등학생이 되면서부터는 다른 아이와 비교하며 더욱 불안한 마음이 들지요. 아이의 속도를 알면서도 더 빨리 갔으면 하는 바람이 커집니다.

아이가 단숨에 젓가락질을 잘하지 못한 것처럼 국어 능력을 발휘하기 위해서는 오랜 시간이 필요합니다. 씨앗을 뿌렸다고 바로 열매가 맺히지 않습니다. 발아하는 시간, 줄기가 올라오는 시간, 꽃이 피는 시간이 있어야 해요. 가지가 잘못 뻗어가면 잔가지를 쳐주고 벌레가 오면 잡아주기도 하면서요. 꾸준한 정성과 노력으로 인내하는 마음이 있어야만 열매를 볼 수 있습니다.

엄마의 조급함은 열매는커녕 꽃이 피지도 못하게 만듭니다. 어른의 눈으로 보면 아이는 한없이 작고 느립니다. 그렇지만 아이는 아이만의 속도로 크고 있어요. 아이의 발달 시기에 맞게 환경을 제공하는 게 중요합니다. '지금쯤이면 글쓰기 한 바닥은 할 수 있잖아.'라며 엄마의 잣대로 아이의 발달 속도를 재지 마세요. 빨리 수확하겠다고 푸른 열매에 빨간색을 칠한다고 좋은 품질의 과실이 나올 수 없습니다.

아이를 기다려주세요. 우리의 아이들은 엄마가 조급해하면 한눈에 눈치 채고 불안한 심상을 이내 표출합니다. 힘들면 도와달라고 엄마에게 어김없이 손을 뻗습니다. 아이가 행복하고 성공적인 삶을 살기 바라는 마음에 엄마가 노력하는 거잖아요. 그 무엇보다 아이의 마음을 듣고 인내하는 태도가 필요합니다. 당장 어휘력이 미숙해 보이고, 독서력이 부족해 보여도 아이를 믿고 꾸준히 가는 겁니다.

조급증을 내려놓고 아이 발달 단계에 맞춰 국어 능력을 조금씩 넓혀간다고 생각하세요. 아이가 오늘의 할 일을 해낸 것만으로도 기특하다고 칭찬해 주세요. 아이를 감동하게 하는 말은 국어 능력은 물론 내면이 단단한 아이로 만들어준다는 걸 잊지 마세요.

04

독서로 시작해
논술로 끝내기

습관으로 독서 수준을 높여야 하는 이유

선생님은 학년 말이 가장 바쁩니다. 학생부 작성 때문인데요. 학생부를 작성하는 것도 힘이 들지만 가장 곤욕스러운 건 여러 반의 학생부를 점검하는 일이에요. 대여섯 반의 모든 학생의 학생부를 읽고 고치는 과정을 반복합니다. 그러다 보니 자연스럽게 아이들이 전 과목에서 어떤 활동을 했는지 살필 수 있어요. 무슨 책을 읽었는지도요.

고등학교 1학년부터 3학년까지 국어 교과목은 문학, 독서, 언어와 매체 등 다양한 과목이 존재하지만, 공통으로 들어가는 활동이 있습니다. '한 학기 한 권 읽기'입니다. 아이들은 국어과 교과 시간에 한 학기 동안 하나의 책을 선정하여 읽습니다. 어디서 들어본 것 같지 않으세요? 네, 맞습니다. 우리 초등 아이들이 '온 책 읽기'라고 해서 국어 시간에 한 권의 책을 한 학기 동안 꼼꼼하게 읽는 것과 같은 활동입니다.

이 활동은 2015 개정 교육과정에서 의무화된 사항입니다. 초등학교뿐 아니라 중·고등학교에서도 필수입니다. 모든 아이가 국어 시간에 책 한 권을 온전히 읽고, 생각을 나누고, 표현하는 활동을 합니다. 고등학교 학생부를 보니 보통 책을 읽고 관심 있는 주제를 선정하여 깊이 탐구하는 보고서를 작성하더군요. 학생부에 적힌 책의 제목을 보니 아이들의 다양한 관심사와 수준을 알 수 있었습니다. 서울대학교의 아로리 웹진 홈페이지에 들어가면 '서울대 지원자들이 가장 많이 읽은 책'이 연도별로 나옵니다. 고등학교 교사가 되기 전까지는 일반계 고등학생이라면 당연히 리스트에 있는 20권은 모두 읽을 수 있으리라 생각했습니다. 하지만 고등학생들의 학생부를 점검하며 제가 아이들을 과대평가했다는 걸 깨달았습니다.

• 2021학년도 서울대 지원자들이 가장 많이 읽은 도서 20권 •

순위	인원	제목	순위	인원	제목
1	350	왜 세계의 절반은 굶주리는가 (장 지글러)	11	197	데미안(헤르만 헤세)
2	336	침묵의 봄(레이첼 카슨)	12	182	팩트풀니스(한스 로슬링 외)
3	295	멋진 신세계(올더스 헉슬리)	13	176	페스트(알베르 카뮈)
4	261	미움받을 용기(기시미 이치로 외)	14	171	아픔이 길이 되려면(김승섭)
5	253	정의란 무엇인가(마이클 샌델)	15	155	총균쇠(재레드 다이아몬드)
6	250	이기적 유전자(리처드 도킨스)	16	138	부분과 전체(베르너 하이젠베르크)
7	223	사피엔스(유발 하라리)	17	135	돈으로 살 수 없는 것들(마이클 샌델)
8	216	엔트로피(제레미 리프킨)	18	125	연금술사(파울로 코엘료)
9	205	1984(조지 오웰)	19	122	변신(프란츠 카프카)
10	203	죽은 시인의 사회(N. H. 클라인바움)	20	122	수레바퀴 아래서(헤르만 헤세)

출처 : 서울대 아로리 웹진(http://snuarori.snu.ac.kr/)

위 도서 목록에 있는 《이기적 유전자》는 632쪽에 다다르는 책입니다. 책도 두껍고 내용도 명실상부 과학 교양서의 바이블이라고 일컬어집니다. 혁신적인 통찰이 돋보이는 책으로 《이기적 유전자》를 읽고 인생관이 뒤바뀐 사람이 있다고 할 정도이니까요. 과학에 꽤나 흥미가 있다는 아이 중 이 책을 선택해서 읽은 아이는 300명이 넘는 학생 중 세 명 정도였습니다. 반면 《불량한 자전거 여행》을 선정한 아이도 있어 놀랐습니다. 초4인 큰아이가 지금 읽는 책인데 말이지요.

초1 아이들의 독서 수준은 고만고만합니다. 이제 막 한글을 떼고 그림책을 읽는 아이들입니다. 그렇지만 학년이 오를수록 독서를 꾸준히 한 아이와 그렇지 않은 아이의 수준은 점점 벌어집니다. 초등 고학년만 되어도 아이들의 읽는 책의 난도가 모두 다르지요. 고등 학교 와서는 그 현상이 극에 달합니다. 독서의 부익부 빈익빈이 이 어집니다. 고등학교 교실에는 초등 고학년 문고판을 읽는 아이와 전문 서적까지 파고드는 아이가 존재합니다.

저는 제 아이가 고등학생이 되어 '서울대 지원자들이 가장 많이 읽은 책'을 어려움 없이 읽는 수준이 되길 바랍니다. 500쪽 이상의 책을 하나의 서사로 이해하며 자기 지식으로 만들었으면 좋겠습니 다. 꼭 공부만이 아니라 내가 궁금한 분야에 호기심을 가지고 탐구 하는 자료를 책에서 자유자재로 찾았으면 합니다.

단기간에 되지 않으리라는 것을 알고 있습니다. 마라톤 선수가 42.195km를 완주하려면 수년의 연습과 노력이 필요하지요. 600쪽 에 육박하는 책을 완독하려면 독서 하는 몸으로 만들어야 가능합니 다. 어릴 때부터 독서 습관을 들여 멀리 달릴 수 있는 근육을 만들 어주어야 합니다. 초등 시절은 무엇보다 생활 습관과 공부 습관을 잡는 골든타임입니다. 책을 통해 사고력, 창의력, 논리력이 확장되 며 뇌가 발달된다고 하니 독서 습관을 안 들일 이유가 없습니다.

《이기적 유전자》를 읽은 고등학생의 다른 과목의 특기사항 내용 을 읽었습니다. 학생부에서 제한한 글자 수가 모자랄 정도로 영어, 수학, 과학 등 모든 과목의 내용이 빽빽하게 채워져 있더군요. 교과 세부별 특기사항에는 교과와 연계하여 자발적으로 탐구한 독서 내 용을 쓸 수 있는데요. 그곳에서도 수준이 높은 책을 읽은 흔적들이 보였습니다. 입학사정관의 눈으로 보면 이 아이의 점수는 우수할 수밖에요. 독서가 입시와 직결된다는 걸 확인한 이상 제 아이에게도 차근차근 달려 마라톤까지 할 수 있는 독서 근육을 길러주려 합니다.

초등 국어 능력의 끝은 논술

국어에서 아이들이 가장 어려움을 느끼는 것은 단연 쓰기입니다. 아이가 언어를 습득하는 과정만 보더라도 쓰기가 가장 나중에 발현됩니다. 아이가 자신의 이름을 쓰기까지 얼마나 듣고 말하고 읽는지요.

사람의 사고 체계가 글보다는 말이 편합니다. 자기 생각이 담긴 글을 쓰려면 명료한 사고가 확립되어 있어야 하고 그마저도 구성력, 문장력, 어휘력이 뒷받침되어야 읽는 사람에게 '무슨 소리를 하는 거야?'라는 말을 듣지 않습니다. 그런데 이렇게 복잡하고 고도의 기술이 필요한 쓰기가 중1이 되는 순간, 수업 시간에 당장 필요해집니다.

아이들은 중1이 되는 3월부터 수행평가 공지를 받습니다. 신문을 읽고 요약하기, 탐구 주제를 정해서 계획서를 작성하고 그것을 바탕으로 글로 쓰기, 직업인 인터뷰 기사 만들기, 역사 신문 만들기, 매주 독서 감상문 쓰기 등 대부분의 활동은 쓰기를 수반합니다. 특히 주어진 지문을 읽고 1,000자 내외로 자신의 주장과 논리적 근거를 들어 논설문을 쓰라는 수행평가는 아이를 당혹스럽게 만듭니다.

쓰면 쓸수록 좋아지는 게 글인데 학교에서는 실력이 탁월해질 만큼 쓸 시간이 부족합니다. 논술학원을 보낼 수도 있겠지만 이마저도 시간이 충분하지 않습니다. 그러나 집에서라면 넉넉하게 시간을 확보하고 습관처럼 쓰기를 연습할 수 있습니다. 학교에서 보니 독서가 습관화되고 글쓰기가 익숙한 아이는 논술도 척척 씁니다. 줄넘기를 매일 연습하는 아이가 이단 뛰기를 잘하는 것처럼 많이 써 본 아이는 중·고등학교 수행평가 쓰기 활동에도 거침이 없습니다.

단, 아이 발달 단계에 맞추며 쓰기 활동을 진행해야 합니다. 교육부에서 제공하는 교육과정에는 초3~4학년까지만 해도 목적에 맞는 주장이 담긴 글을 쓰지 않습니다. 기본적인 쓰기 경험에 초점을 두고 있어요. 아이들의 인지발달이 그렇습니다. 피아제의 인지발달 이론에 따르면 12세가 넘어야 추상적 사고, 체계적 사고, 가설적 사고가 가능하다고 했습니다. '일찍 일어나는 새가 벌레를 잡아먹는다.'라는 속담을 이전에는 이해하지 못하지만, 12세 정도가 되면 그 속뜻을 이해할 수 있습니다. 따라서 적절한 근거를 들어 주장하는 글을 쓸 수 있는 시기는 초5~6학년이 되어서야 가능하단 얘기입니다.

제 아이 초등 국어 능력의 종착점은 1,000자 쓰기입니다. 6학년을 지나 초등학교를 졸업할 때쯤에는 40분 안에 1,000자의 글을 썼으면 합니다. 이 기준은 보통의 중학교 국어 시간, 또는 논술 쓰기 대회에서 필요한 양입니다. 물론 글자 수도 중요하지만, 내용이 탄탄해야겠지요. 책을 읽고 독서 감상문을 쓰든, 사설을 보고 자신의 주장과 근거를 들어 글쓰기를 하든, 지문을 읽고 답을 찾는 글을 쓰든 설득력 있는 글을 썼으면 합니다. 내용, 형식, 표현 등을 종합적으로 판단하여 읽을 맛이 나는 글을 쓰길 바랍니다.

10줄 책 읽기로 시작해 1,000자 글쓰기에 도착한 열세 살 아이를 상상합니다. 아이는 매일 독서를 쉬지 않았습니다. 가정에서 대화를 통한 양질의 언어 자극이 있었습니다. 글쓰기는 아이 수준에 맞게 차근차근 진행되었습니다. 가시적인 점수가 없어도 큰 그림 속에서 아이의 사고력, 문해력, 통찰력은 점점 성장했습니다. 공부 자신감은 누구에게도 뒤지지 않습니다.

중학생이 되어 갑자기 들이닥친 서·논술형 수행평가에서 막힘없이 답을 씁니다. 고등학생이 되어 내신에 필요한 보고서 쓰기, 독서 감상문에도 주저하지 않습니다. 아이의 읽기와 쓰기는 여전히 일상입니다. 대학 가서 리포트도 척척 쓰리라 생각합니다. 취업을 위한 자기소개서는 어떻고요. 직장에서 쓴 보고서는 업무 능력을 말해줄 것입니다. 아이의 쓰는 미래를 위한 최고의 무기를 지금부터 준비합니다.

Part 2

습관이 되는
독서

01

국어 능력의 바탕은
독서

독서 없인 국어 능력도 없어

저의 학창 시절 가장 싫었던 과목은 체육 다음으로 국어였습니다. 중학교 때까지는 좋아했어요. 시험 성적도 우수했고요. 고등학교에 가서 수능 모의고사를 보는데 낯선 지문에 정신을 잃었습니다. 유명하다는 학원을 찾아다니고, 문제집을 풀어댔지만 좀처럼 성적이 오르지 않았습니다. 교과 선생님이 내는 시험 문제는 그냥저냥 풀었어도 모의고사와 수능에서는 3학년이 끝날 때까지 최상위 점수를 받지 못했습니다.

눈치채셨겠지만 학창 시절에 저는 독서가가 아니었습니다. 선생님이 읽어야 한다는 책을 읽긴 했지만, 거기서 끝이었습니다. 그런데 독서 실력이 수능에서 제 뒤통수를 칠지는 몰랐습니다.

반면 사촌 동생은 외숙모가 어릴 때부터 무릎에 앉혀 놓고 책을 읽어주었습니다. 외숙모집에 놀러 가면 나이에 맞는 전집이 가득 있었습니다. 책이 장난감이었고 학창 시절 내내 동생의 취미는 독서였습니다. 수능에서 국어 1등급은 물론 뛰어난 글재주로 각종 글짓기 대회에서 수상했고 탁월한 말솜씨로 여러 토론 대회를 휩쓸기도 했지요. 성인이 된 지금도 책을 끼고 살고 있습니다.

의심의 여지가 없습니다. 지구가 둥근 것처럼 국어 능력의 뿌리는 독서입니다. 독서 없이 국어 실력은 늘지 않습니다. 최근 대두되고 있는 문해력의 해답이 독서에 있는 것처럼 글을 읽고 이해하고 표현하는 능력은 독서와 직결되어 있습니다.

긴 글을 읽지 못하고, 읽더라도 의미한 바를 이해하지 못하는 요즘 아이들입니다. 아이들은 짧고 자극적인 영상에 길들여져 있습니다. 손에서 스마트폰을 놓지 못하고 하루에도 몇 시간씩 유튜브를 1.5배속으로 보는 게 다반사입니다. 밥을 먹을 때도 눈과 손은 스마트폰에 있으니까요. 이런 아이들에게 책을 읽히는 것은 쉽지 않습니다.

독서를 하려면 에너지가 필요합니다. 뇌가 계속 생각을 해야 해요. 즉각적인 보상은 없고 끊임없이 사고력을 요구하는 활동입니다. 그렇기에 어휘력, 독해력, 사고력, 논리력 등이 키워지는 것이지요. 초등학생일 때는 자극적인 영상에 빠지기 전에 관심을 책으로 돌릴 수 있습니다. 꾸준한 독서는 공부 머리까지 키워주는 확실한 보험입니다. 초등 시절 집에서 가장 신경 써야 할 공부 습관을 꼽으라면 망설임 없이 독서를 꼽겠습니다.

독서의 중요성은 아무리 강조해도 지나치지 않습니다. 어느 학원보다 값싸지만 가장 값진 교육 방법은 독서입니다. 제가 다시 학창 시절로 돌아간다면 문제집 대신 책을 먼저 집겠습니다. 어릴 때부터 독서가 생활이었다면 수능 국어가 그렇게까지 부담스럽지 않았을 거예요.

국어 능력 이상의 독서 효과

'이 아이는 나쁜 기억력, 불성실한 태도 등을 볼 때, 앞으로 어떤 일을 해도 성공할 수 없을 것으로 판단됨.'

위의 글은 놀랍게도 아인슈타인의 담임 선생님이 학교생활기록부에 쓴 글입니다. 20세기 최고의 천재 중 한 명인 아인슈타인은 보잘것없는 학창 시절을 보냈습니다. 학교생활에 적응하지 못해 고등학교를 자퇴했습니다. 비교적 입학이 쉬운 스위스에 있는 대학도 겨우 들어갔어요. 입학 후 박사 학위는 중도에 포기했습니다.

아인슈타인이 지금과 같은 찬사를 받는 건 독서의 힘입니다. 아인슈타인은 17세 때 '나는 맥주가 아니라 칸트에 취하겠다.'라고 맹세했습니다. 13세 때 유클리드의 《기하학》을 읽었고, 14세 때 칸트의 《순수이성비판》을 읽으며 서양 고전 철학을 독파하였습니다. 그가 우주의 진리에 다가갈 수 있었던 건 어린 시절부터 이어온 인문고전 독서의 영향일 것입니다.

미래의 설계자라고 불리는 일론 머스크, 독서로 삶을 치유했다는 오프라 윈프리, 하버드 졸업장보다 소중한 것은 독서하는 습관이라고 말하는 빌 게이츠, 수입의 1%는 책 사는 데 투자하라고 한 김수환 추기경까지 유년기부터 한 독서는 그들의 인생을 변화시켰습니다. 책 읽는 습관을 통해 최고의 자리에 설 수 있었습니다.

책 속에 길이 있다는 말은 위대한 사람에게만 해당하는 게 아닙니다. 저도 육아하며 어둠 속에 한 줄기 빛과 같은 책을 만났고, 그 책을 통해 결국 책을 쓰는 사람이 되었습니다. 대학 입시를 위한 고등학생들의 자기소개서를 보고 있노라면 책 덕분에 진로에 대한 확신이 섰다는 내용을 종종 볼 수 있습니다. 심지어 책 한 권으로 진로를 정했다는 학생의 글도 보았습니다.

좋은 성적을 보장받기 위해 아이의 독서 습관을 잡는 것, 맞습니다. 언어 능력을 키우고 학교생활기록부에 독서 활동 상황을 빽빽이 채우기 위한 목적도 있습니다. 최상위 대학의 신입생 입시 요강에 '독서를 하는 인재를 원한다.'라는 말 때문에 아이에게 끊임없이 책을 읽게 하는 흑심도 있습니다.

하지만 거시적인 안목으로 책은 아이 인생의 나침반이 됩니다. 우리가 '책! 책! 책!'하는 이유가 공부 때문만이 아니란 걸 알고 있잖 아요. 아이가 지식을 탐구하고 자기 길을 찾길 바라는 거 아닌가요?

책에는 지식과 지혜가 담겨 있습니다. 다른 사람의 삶을 체험할 수 있습니다. 다양한 가치관을 이해하는 계기가 됩니다. 인생을 살 아가는 데 현명한 눈을 갖게 합니다. 혼자만의 갇힌 생각에서 벗어 나 확장된 사고를 할 수 있습니다. 나는 어떤 사람인지, 나는 무얼 하면 좋을지에 대한 해답을 하나씩 찾을 수 있습니다. 의심의 여지 없이 독서는 성적 이상의 성장의 길을 안내합니다.

02

초등 독서 습관의
큰 그림

독서의 목표 정하기

본격적으로 초등 독서 습관을 어떻게 들여야 할지 얘기하겠습니다. 막막하시죠? 저는 교사인지라 믿는 구석이 하나 있는데요. 바로 교육부에서 제공하는 교육과정입니다. 교육과정은 최고의 연구진이 모여 만든 양질의 교육자료입니다. 아이의 발달 단계에 맞추어 어떤 공부를 어떤 학년에 꼭 해야 하는지 친절하게 알려주고 있어요. 국어과 교육과정을 참고해서 초등 국어의 큰 그림을 그려보겠습니다.

독서는 '읽기' 활동입니다. 초1부터 초6까지 아이들은 극적으로 성장합니다. 초1과 초6의 필독서라고 하는 추천 책만 보더라도 입학 초 20쪽 내외였던 책에서 시작해 6학년이 되면 200쪽이 훌쩍 넘어가니까요. 독서는 분량도 분량이지만 책을 좋아하게 만드는 게 핵심입니다. 평생 친구를 원수로 만들면 안 됩니다. 인내심을 가지고 내 아이의 동반자가 될 독서를 실천해봅시다.

• 2015 개정 교육과정 국어과 중 '읽기' 영역 •

핵심 개념	일반화된 지식	학년(군)별 내용 요소					기능
		초등학교			중학교 1~3학년	고등학교 1학년	
		1~2학년	3~4학년	5~6학년			
▶ 읽기의 본질	읽기는 읽기 과정에서의 문제를 해결하며 의미를 구성하고 사회적으로 소통하는 행위이다.			·의미 구성 과정	·문제 해결 과정	·사회적 상호작용	
▶ 목적에 따른 글의 유형 ·정보 전달 ·설득 ·친교·정서 표현 ▶ 읽기와 매체	의사소통의 목적, 매체 등에 따라 다양한 글 유형이 있으며, 유형에 따라 읽기의 방법이 다르다.	·글자, 낱말, 문장, 짧은 글	·정보 전달, 설득, 친교 및 정서 표현 ·친숙한 화제	·정보 전달, 설득, 친교 및 정서 표현 ·사회·문화적 화제 ·글과 매체	·정보 전달, 설득, 친교 및 정서 표현 ·사회·문화적 화제 ·한 편의 글과 매체	·인문·예술, 사회·문화, 과학·기술 분야의 다양한 화제 ·한 편의 글과 매체	·맥락 이해하기 ·몰입하기 ·내용 확인하기 ·추론하기 ·비판하기 ·성찰·공감하기 ·통합·적용하기 ·독서 경험 공유하기 ·점검·조정하기
▶ 읽기의 구성 요소 ·독자·글·맥락 ▶ 읽기의 과정 ▶ 읽기의 방법 ·사실적 이해 ·추론적 이해 ·비판적 이해 ·창의적 이해 ·읽기 과정의 점검	독자는 배경지식을 활용하며 읽기 목적과 상황, 글 유형에 따라 적절한 읽기 방법을 활용하여 능동적으로 글을 읽는다.	·소리 내어 읽기 ·띄어 읽기 ·내용 확인 ·인물의 처지·마음 짐작하기	·중심 생각 파악 ·내용 간추리기 ·추론하며 읽기 ·사실과 의견의 구별	·내용 요약 [글의 구조] ·주장이나 주제 파악 ·내용의 타당성 평가 ·표현의 적절성 평가 ·매체 읽기 방법의 적용	·내용 예측 ·내용 요약[읽기 목적, 글의 특성] ·설명 방법 파악 ·논증 방법 파악 ·관점과 형식의 비교 ·매체의 표현 방법·의도 평가 ·참고 자료 활용 ·한 편의 글 읽기 ·읽기 과정의 점검과 조정	·관점과 표현 방법의 평가 ·비판적· 문제 해결적 읽기 ·읽기 과정의 점검과 조정	
▶ 읽기의 태도 ·읽기 흥미 ·읽기의 생활화	읽기의 가치를 인식하고 자발적 읽기를 생활화할 때 읽기를 효과적으로 수행할 수 있다.	·읽기에 대한 흥미	·경험과 느낌 나누기	·읽기 습관 점검하기	·읽기 생활화하기	·자발적 읽기	

출처 : 교육부 고시 제2015-74호[별책 5] 국어과 교육과정

표에서 가장 눈에 띄는 건 무엇인가요? 저는 고등학교 1학년의 맨 마지막 칸에 쓰여있는 '자발적 읽기'였습니다. 제 아이가 자발적으로 책을 안 읽는 이유를 여기에서 찾았네요. 고1이 되어서야 자발적 읽기 태도가 확실하게 정립될 수 있다니 여유를 가져야겠어요.

저는 이 표에 맞추어 큰아이가 초1~2 때는 소리 내어 읽기를 하도록 했습니다. 초3이 되어서야 내용을 간추리는 활동을 했습니다. 초4 때는 주장이나 주제를 파악하는 읽기를 하더라도 정답을 요구하지 않았습니다. 아직 발달 단계에 맞지 않은 문제니까요. 아이마다 수준은 다르겠지만 큰 틀은 비슷합니다. 표의 핵심 개념 중 '읽기의 본질'을 보세요. 읽기의 의미 구성 과정이 일어나는 학년은 초5나 되어서야 가능합니다. 글을 읽고 내용의 타당성과 표현의 적절성을 판단하거나 글의 구조를 고려하여 글 전체의 내용을 요약할 수 있는 능력은 고학년쯤 되어야 한단 얘기입니다.

독서와 관련된 하위 영역인 '문학' 부분을 보겠습니다. 첫 번째 줄부터 학년을 비교하며 천천히 살펴보세요. 엄마가 아이에게 다음 학년의 학습 요소까지 과도하게 욕심낸 건 아닌지 점검해보세요.

• 2015 개정 교육과정 국어과 중 '문학' 영역 •

핵심 개념	일반화된 지식	학년(군)별 내용 요소					기능
		초등학교			중학교 1~3학년	고등학교 1학년	
		1~2학년	3~4학년	5~6학년			
▶ 문학의 본질	문학은 인간의 삶을 언어로 형상화한 작품을 통해 즐거움과 깨달음을 얻고 타자와 소통하는 행위이다.			·가치 있는 내용의 언어적 표현	·심미적 체험의 소통	·유기적 구조	
▶ 문학의 갈래와 역사 ·서정 ·서사 ·극 ·교술 ▶ 문학과 매체	문학은 서정, 서사, 극, 교술의 기본 갈래를 중심으로 하여 언어, 문자, 매체의 변화와 함께 시대에 따라 변화해 왔다.	·그림책 ·동요, 동시 ·동화	·동요, 동시 ·동화 ·동극	·노래, 시 ·이야기, 소설 ·극	·노래, 시 ·이야기, 소설 ·극 ·교술	·서정 ·서사 ·극 ·교술 ·문학 갈래의 역사	·몰입하기 ·이해·해석하기 ·감상·비평하기 ·성찰·향유하기 ·모방·창작하기 ·공유·소통하기 ·점검·조정하기
▶ 문학의 수용과 생산 ·작품의 내용·형식·표현 ·작품의 맥락 ·작가와 독자	문학은 다양한 맥락을 바탕으로 하여 작가와 독자가 창의적으로 작품을 생산하고 수용하는 활동이다.	·작품 낭독·감상 ·작품 속 인물의 상상 ·말놀이와 말의 재미 ·일상생활에서 겪은 일의 표현	·감각적 표현 ·인물, 사건, 배경 ·이어질 내용의 상상 ·작품에 대한 생각과 느낌 표현	·작품 속 세계와 현실 세계의 비교 ·비유적 표현의 특성과 효과 ·일상 경험의 극화 ·작품의 이해와 소통	·비유, 상징의 효과 ·갈등의 진행과 해결 과정 ·보는 이, 말하는 이의 관점 ·작품의 사회·문화적 배경 ·작품의 현재적 의미 ·작품 해석의 다양성 ·재구성된 작품의 변화 양상 ·개성적 발상과 표현	·갈래 특성에 따른 형상화 방법 ·다양한 사회·문화적 가치 ·시대별 대표작	
▶ 문학에 대한 태도 ·자아 성찰 ·타자의 이해와 소통 ·문학의 생활화	문학의 가치를 인식하고 인간과 세계를 성찰하며 문학을 생활화할 때 문학 능력이 효과적으로 신장된다.	·문학에 대한 흥미	·작품을 즐겨 감상하기	·작품의 가치 내면화하기	·문학을 통한 성찰	·문학의 주제적 수용과 생활화	

출처 : 교육부 고시 제2015-74호[별책 5] 국어과 교육과정

고백하자면 제가 욕심냈습니다. '문학의 본질' 중 작품 속에서 가치를 알고 내면화하는 과정을 초3부터 너무 기대하지 않았나 반성이 됩니다. 초3~4까지는 그저 즐겁게 감상하면 그만입니다. 깨달은 바가 없어도 됩니다. 그저 이야기의 흐름을 이해하거나 뒷이야

기까지 상상해준다면 더할 나위 없습니다. 고학년이 되어서야 제대로 된 소설을 읽을 수 있어요. 초2 겨울방학 때 고전 문학을 읽혀보겠다고 《플랜더스의 개》를 들이밀었던 것을 다시 한번 반성합니다. 몇 페이지 읽다가 외면하는 아이에게 더 읽어보라고 강요하지 않은 것에 가슴을 쓸어내립니다. 지금은 알고 있습니다. 무엇보다 발달 단계에 맞추어 수준에 맞는 책을 읽는 것이 효과적이라는 것을요.

아이의 독서 습관 잡으려고 화도 내고 후회도 많이 했습니다. 시행착오를 겪고 지금까지 하고 있는 독서 습관을 소개합니다. 교육과정에 맞추어 제가 세운 독서 습관의 큰 그림을 참고해주세요.

· 초등 독서 습관의 큰 그림 ·

	1~2학년	3~4학년	5~6학년
독서 시간	20분~40분	40분~1시간	40분~1시간
독서 수준	80페이지 내외	200~300페이지	300페이지 이상
책 종류	그림책, 동시, 동화	그림책, 동시, 동화	그림책, 동화, 동시, 소설
독서 목표	독서에 대한 흥미 높이기	작품을 즐겁게 감상하기	작품의 가치를 이해하기
	읽기 독립하기	풍부한 읽기 경험하기	꾸준히 읽기
독서 원칙	아이의 발달 단계에 맞추어 책 읽기 아이의 흥미에 맞는 책 읽기 아이가 원할 때까지 읽어주기 독후 활동 강요하지 않기		

학교에서 학생들에게 물으면 독서가 싫은 첫 번째 이유가 뭔지 아세요? 놀랍게도 독서 감상문 쓰기였습니다. 어릴 때부터 책을 읽

은 후 강요받은 독서 감상문 작성 때문에 책이 싫어졌다고 합니다. 영화를 재미있게 보면 그만이고, 음악을 즐겁게 들으면 그만입니다. 책은 읽고 난 후 꼭 뭘 써야 하는 걸까요?

책을 좋아하는 아이로 만들고 싶지 싫어하게끔 만들고 싶지 않잖아요. 독서 후에 하는 독서퀴즈, 떠보는 듯한 엄마의 질문 세례, 독서 감상문 쓰기 등 모두 아이가 원하는 것이 아니라면 멈춰야 합니다. 아이들은 이미 학교에서 충분히 하고 있어요. 독서는 학업이 되어서는 안 됩니다. 집에서만은 영화 감상하듯 음악 감상하듯 책의 감상에 집중할 수 있게 해주세요.

03

책 읽고 싶은
환경 만들기

독서는 양치질

'아이가 책을 싫어해요.'

'아이가 도통 책을 읽지 않아요.'

'책을 꼭 읽어야 하나요?'

'책 읽을 시간이 나지 않아요.'

초등 공부는 독서가 전부라는데 협조해 주지 않는 아이들 때문에
엄마는 골치가 아픕니다. 학원을 다니느라 독서할 시간은 부족한데
아이가 그다지 책을 좋아하지도 않고요. 학교에서 읽어오라고 숙제

로 내준 책도 읽을까 말까입니다. 어쩌다 책을 읽으라고 엄마와 같이 책을 펼친들 아이는 딴청만 피우거든요.

독서 습관 잡기 힘드시죠? 저도 고생 좀 했습니다. 큰아이가 만 18개월 때부터 책을 읽어줬습니다. 하루도 빠뜨리지 않으려고 했어요. 그 정도 되면 초등학교 들어갈 때쯤엔 책을 찾고 즐기는 아이가 될 줄 알았는데 아니더군요. 다른 집 아들은 엄마가 '제발 책 좀 그만 봐.'라고 한다던데 저에겐 상상할 수 없는 일이었습니다. 그렇다고 아이가 자발적으로 책을 읽기만을 기다릴 수 없었습니다. 초등 생활의 독서가 8할이라는 말에 깊이 공감했거든요. 적기를 놓치고 읽지 않는 책 때문에 후폭풍을 맞기는 싫었습니다.

독서에 대한 관점을 달리하기로 했습니다. 저희 집에서 독서는 양치질입니다. 그냥 하는 겁니다. 양치질처럼 독서는 매일 일과에 꼭 해야 하는 일일 뿐입니다. 아이가 싫어해도 좋아하는 딸기향으로 유혹해서 양치질했듯이 아이가 눈이 번쩍 뜨일 만한 책으로 꾀면 그만입니다. 독서는 자발적으로 해야 효과가 크다고 하지요. 맞는 말입니다. 하지만 책에 대해 아무 감흥이 없어도 그냥 하도록 무의식적인 습관이 되게 했습니다.

큰아이는 초1 2학기만 해도 10분 책 읽기가 버거운 아이였어요. 책을 읽어야 하는 이유도 몰랐습니다. 그래서 오늘은 두 쪽, 내일은 세 쪽 조금씩 양을 늘렸습니다. 힘들어 할 땐 읽는 양을 줄이기도 하고요. 하지만 습관이 자리 잡도록 하루도 빠뜨리지 않으려고 노력했어요. 초4가 된 지금은 그냥 읽습니다. 밥 먹고 양치하듯 말이에요. 물론 자발적으로 책을 읽는 모습은 아직도 찾기 힘듭니다. 그저 오늘도 입안이 상쾌하게 양치했듯 머리가 산뜻해지게 독서를 했으면 성공입니다.

"매일 그렇게 읽게 하면 아이가 독서를 더 싫어하게 되는 거 아닌가요?"라고 물으시면 "아니요."라고 답하겠습니다. 큰아이는 책을 매일 읽으며 좋아하는 작가도 생겼습니다. 다음은 어떤 책을 읽고 싶은지 제게 주문도 합니다. 학교에서 책을 소개하는 활동이 있으면 고민 없이 재미있게 읽었던 책을 친구들 앞에서 자신 있게 소개합니다. 언젠가는 완역본 고전 문학을 읽고 싶다는 포부도 밝혔습니다.

양치질은 좋아서 하고 싫으면 안해도 되는 게 아니잖아요. 독서도 양치질처럼 당연히 해야 할 생활 습관 중 하나일 뿐입니다. 양치질과 다른 게 있다면 책 읽기는 흥미를 안겨줍니다. 흥미를 느끼면 책에 대한 호감도가 높아집니다.

책과의 스킨십

'눈에서 멀어지면 마음에서도 멀어진다.'라는 속담이 있습니다. 사람이건 사물이건 마찬가지입니다. 아이가 책을 좋아하게끔 만들려면 책과의 스킨십이 필요합니다. 자주 보고 자주 만지는 기회를 만들어보세요. 제가 실천하고 있는 몇 가지 방법을 소개하겠습니다.

첫째, 집안 곳곳에 책을 널어 둡니다. 책육아를 한다는 집은 거실의 TV를 없애고 책장으로 만든다고 하죠. 저는 그 정도는 아니고요. 거실은 TV가 떡하니 한쪽 벽면을 차지하고 있고 거실 바닥은 놀이 매트가 깔려있습니다. 소파도 제구실을 다 하고 있습니다. 다만 아이 방에는 책이 가득합니다. 숨 막힐 정도까지는 아니고 적당한 양의 나이에 맞는 책으로 채웠습니다. 아이가 초등학교에 들어가고부터는 도서관을 자주 이용하는데요. 도서관에서 빌려온 책들을 일부러 아이의 눈에 띄게 거실 식탁에 올려두거나 아이가 가는 길목에 무심한 듯 툭 떨구어 놓습니다. 아이는 발로 한번, 손으로 한번 책에게 스킨십을 하지요.

둘째, 도서관을 집처럼 드나듭니다. 요즘은 도서관에 다양한 도서가 넘치도록 있습니다. 문화행사도 많습니다. 아이와 마땅히 즐기고 갈 곳이 없다면 도서관을 적극적으로 이용해보세요. 아이가 책을 읽지 않아도 됩니다. 놀다 오기만 해도 되고 만화책만 봐도 좋습니다. 도서관은 책과 친숙해질 수 있는 최고의 장소입니다. 저는 워킹맘이라 방학을 이용해서 아이와 도서관에 자주 갑니다. 코로나가 있기 전에는 집 근처 도서관에 노래방 시설이 있었거든요. 엄마는 책을 빌리지만 아이는 노래만 부르는 날이 다반사였습니다. 괜찮습니다. 책이 눈앞에서 아른거리니 마음도 가까워지리라 믿습니다.

셋째, 서점 나들이를 합니다. 집 근처 쇼핑센터에 가면 꼭 들르는 곳이 있습니다. 알라딘 중고서점인데요. 굳이 살 책이 없어도 무슨 책을 싸게 팔고 있는지 구경하러 갑니다. 아이 눈에는 정가보다 훨씬 값싼 가격으로 파는 책이 신기한가 봐요. 새 책은 꽁꽁 비닐로 싸 두기도 하던데 자유롭게 펼쳐 볼 수 있는 책이라서 더욱 좋아합니다. 꼭 중고서점이 아니라도 서점에는 다양한 문구도 함께 팔고 있으니 겸사겸사 구경을 갑니다. 자기가 읽은 책을 발견할 때는 신나서 책을 들어 보여줍니다. 아직 책에 대한 욕심이 없는 터라 책 좀 사달라고 하는 경우는 드물어요. 하지만 책과 친해지고 있는 것 같아 서점 나들이를 멈출 수 없습니다.

넷째, 책가방 안에 책 한 권을 넣습니다. 초1 때 담임 선생님은 읽을 책을 꼭 가지고 다니라고 했습니다. 그때부터 습관이 되었습니다. 책을 읽든지 안 읽든지 동화책 한 권을 책가방에 넣어둡니다. 처음엔 학교에서 시킨 거라 넣었었거든요. 지금은 아이가 알아서 책을 챙깁니다. 다 읽었다 싶으면 학교 도서관에서 책을 빌려옵니다. 이상하게 꼭 한 번 봤던 책을 또 빌립니다. 읽었던 책과 더 친해지고 싶은가 봐요.

자꾸 봐야 친해집니다. 거실을 빽빽이 채운 책장이 아니어도 됩니다. 아이 방을 사방으로 둘러싼 책장이 없어도 됩니다. 아이의 눈길이 닿는 곳에, 손길이 스치는 곳에, 발에 치이는 곳에 책이 있기만 하면 됩니다. 보고 또 보며, 또 보고 싶게 만들어보세요.

독서의 의무와 권리

아이에게 '양치질'이라는 미명 아래에 강제로 독서를 시키고 있습니다. 엄마가 시켜서 하는 독서이지만 수년을 불평 없이 이어온 데는 이유가 있습니다. 독서는 아이에게 의무인 만큼 아이는 권리를 누리고 있습니다.

다니엘 페나크의 《소설처럼》에는 '침해할 수 없는 독자의 권리'가 나옵니다. 제가 지키려고 노력하는 다음 열 가지를 살펴볼게요.

* 침해할 수 없는 독자의 권리
1. 책을 읽지 않을 권리
2. 건너뛰며 읽을 권리
3. 책을 끝까지 읽지 않을 권리
4. 책을 다시 읽을 권리
5. 아무 책이나 읽을 권리
6. 보바리슴(Bovarysme)을 누릴 권리-현실 이상으로 상상할 권리
7. 아무 데서나 읽을 권리
8. 군데군데 골라 읽을 권리
9. 소리 내서 읽을 권리
10. 읽고 나서 아무 말도 하지 않을 권리

출처 : 《소설처럼》 다니엘 페나크 지음, 이정임 옮김 / 문학과지성사 / 2018

아이가 하루에 한 시간 책을 읽으면 그만입니다. 대가를 바라지 않아요. 아이가 잘 이해했는지 궁금하지 않습니다. 사실은 몹시 궁금하지만, 묻지 않습니다. 아이가 책을 끝까지 읽지 않아도 나무라지 않습니다. 군데군데 읽어도 상관없어요. 책상에 앉아서 읽든 침대에 널브러져서 읽든 아이 내키는 대로 둡니다. 필독 도서 목록은 필요 없습니다. 아이가 재미있어하는 책이 베스트셀러입니다. 책을 읽고 무엇을 느꼈는지 관심 없습니다. 줄거리 설명도, 어휘 설명도 하지 않습니다.

아이가 매일 밤 독서를 하며 가장 좋아하는 자세는 엎드려 책 읽는 엄마 등 위에 누워 읽는 거예요. 책을 읽다가 웃긴 장면이 나오면 묻지도 않았는데 내용을 설명합니다. 엄마한테 큰 소리로 읽어줍니다. 진짜 궁금한 어휘가 있으면 찾으라 하지 않아도 엄마에게 묻습니다. 한 번 봤는데도 재미있으면 다음에 또 같은 책을 읽습니다. 재미없으면 쿨하게 반도 안 읽고 접고요. 의무 속에서도 자유를 누린다고나 할까요? 아이의 즐거운 독서가 오늘도 가능한 이유입니다.

04

아이가 원할 때까지
읽어주기

읽어주기의 효과

저의 고3 담임 선생님은 국어 선생님이었어요. 지금도 생생하게 기억에 남는 장면이 있습니다. 담임 선생님은 매일 아침, 조회 끝 무렵에 묵직한 목소리로 월간 《좋은 생각》을 한 꼭지씩 읽어주셨어요. 그 시간이 공부에 지친 저의 하루를 희망차게 열게 해주었습니다. 한두 달쯤 들었을까, 저도 정기구독으로 《좋은 생각》을 읽었습니다. 선생님께서 읽어주신 구절을 다시 되새겼지요. 페이지마다 나오는 명언도 다이어리에 꾹꾹 눌러 적었습니다. 나름의 원고를 써서 출판사에 응모하기도 했습니다. 대학교 때까지도 저의 1호 책은《좋은 생각》이었습니다.

책 읽어주기에 나이 제한이 있을까요? 책에 관심 없던 고등학생도 감명받아 책을 좋아하게 만들어주었습니다. 많은 독서 전문가가 말하지요. "아이가 원할 때까지 읽어줘라." 네, 맞습니다. 아이가 중학생이 되든, 고등학생이 되든 책을 읽어주어야 합니다. 읽어주기를 멈춰서는 안 됩니다.

부모는 아이가 한글을 읽을 수 있게 되면 책 읽어주기를 멈춥니다. 이제 엄마의 독서 습관 잡기의 소임은 끝난 듯 아이에게 임무를 넘기지요. 유아 때 수십 권의 책을 읽어달라고 하던 아이들이 읽기 독립이 시작되면 책에 대한 흥미가 떨어진다고 합니다. 글자는 읽지만 혼자 내용을 이해하기엔 아직 버거운 게 사실입니다. 그런데 모든 걸 아이에게 맡겨버리니 아이는 책 읽기가 점점 힘들어 집니다.

역설적으로 읽기 독립이 시작되었을 때 책 읽어주기에 더욱 힘을 써야 합니다. 한글을 읽지 못할 때 엄마 무릎에 앉아 아이들은 엄마의 온기를 느끼고 목소리를 들었습니다. 책에 대한 호감이 높아짐과 동시에 엄마의 사랑을 느낄 수 있었지요. 유아기 시절 아이들은 정서적으로 안정된 상태에서 독서를 즐겼습니다. 한글을 읽을 수 있다고 아직 엄마 품이 그리운 아이들에게 이제 혼자 책을 읽으라고 하는 건 독서 습관과 독서 정서에 도움이 되지 않습니다.

아이가 혼자 읽는 것도 좋지만, 아이가 원한다면 엄마의 목소리로 책을 읽어주세요. 책 읽어주기는 듣기 능력 향상에도 도움이 됩니다. 그리고 이야기는 아이의 상상력을 무수히 자극합니다. 당연히 아이가 혼자 읽을 때와 마찬가지로 사고력과 어휘력이 좋아집니다.

읽는 즐거움을 느끼게 하기 위해서 꾸준히 부모의 목소리로 이야기를 들려주세요. 중학생이 되어서야 아이의 읽기 능력과 듣기 능력이 같아진다고 하니 그때까지는 부지런히 읽어줍시다. 중학생이 되어서도 아이가 원한다면 읽어주셔야 해요. 그 이후도 좋습니다.

이럴 때 읽어주자

큰아이는 여섯 살에 한글을 읽고 쓸 줄 알았지만, 초1이 되고 2학기가 한참 지날 때까지도 만화책만 읽을 뿐 줄글로 된 책을 한 번도 읽어본 적이 없었어요. 저는 작은아이에게 책을 읽어주기에도 바빠 큰아이에게 책 읽어주기를 멈춘 지 오래였습니다. 한글도 읽고 만화책을 읽으니 저절로 줄글 책을 읽으리라 생각했거든요.

짐 브렐리즈의 《하루 15분 책 읽어주기의 힘》을 읽고 큰아이에게 다시 책을 읽어줘야겠다 다짐했습니다. 돌이켜보면 이 시기에 가장 책을 많이 읽어줬어요. 먼저 큰아이에게 책을 읽어주기 위해서 둘째 아이의 취침 시간을 다르게 조정했어요. 같은 시간에 자던 아이들의 취침 시간에 차이를 두었습니다. 지금도 유지하고 있는 취침 시간은 큰아이는 열 시, 작은아이는 아홉 시입니다. 작은아이에게 책을 읽어주고 재운 다음, 큰아이와 독서를 한 시간 동안 할 수 있는 최적의 시간표입니다. 독박육아를 하면서도 두 아이에게 책 읽어주기가 가능합니다.

저는 아이들에게 특별히 책 읽어주는 시기가 있습니다. 언제 책을 읽어주면 좋을지 얘기해보겠습니다.

첫째, 교훈이 필요할 때입니다. 인성교육이나 앞으로의 인생관 형성에 필요한 이야기를 하고 싶을 때 책을 빌려 말하는 편입니다. 아무래도 이런 책은 아이 혼자 읽고 깨닫기가 어렵습니다. 그래서 가랑비에 옷 젖듯이 매일 한 꼭지씩 읽어줍니다. 초1 때 매일 읽어주던 책은《어린이 사자소학》,《어린이 명심보감》입니다. 동양고전을 어린이가 읽기 쉽게 풀어쓴 책인데도 아이가 혼자 읽으려면 어려운 책입니다. 유교적인 사상과 예의를 가르칠 수 있어서 매일 한 꼭지씩 읽어주고 아이와 대화를 나누었습니다. 어린이를 위한《어린이 사자소학》에는 '부모출입 매필기립父母出入 每必起立'이라는 내용이 나옵니다. 아빠가 퇴근해 집에 와도 노느라 인사도 하지 않는 큰아이에게 읽어주었어요. '부모님이 대문을 드나드실 때는 반드시 일어서서 인사하라.'라는 뜻입니다. 아이는 지난 행동이 버릇없는 행동이라며 반성하고는 함께 읽은 내용을 바로 실천에 옮겼습니다. 지금도 아빠가 퇴근하면 하던 걸 바로 멈추고 버선발로 문 앞으로 달려갑니다.

초1 큰아이에게
매일 읽어준 책

둘째, 천천히 음미하며 책을 읽게 하고자 할 때입니다. 동시와 그림책을 읽어줄 땐 제 기분도 동심으로 돌아가며 상쾌해집니다. 초2 때 매일 읽어 준 책은 동시집이었어요.《나태주 시인이 들려주는 윤동주 동시집》과《우리 마음의 동시》의 짧은 동시를 천천히 음미하며 읽어주었습니다. 아이는《우리 마음의 동시》중 '부엉이'를 가장 좋아했어요. '부엉, 부엉, 부엉'이 반복되는 시구가 재미있었나 봐요. "또 읽어주세요."라며 졸랐습니다. '형제별'을 읽고는 아이와 감성에 젖기도 했습니다. 혼자 읽었다면 후루룩 읽었을지도 모르겠습니다. 동시를 읽고나면 매일 한 권씩 그림책을 읽어주었습니다. 오히려 유치원 시절보다 더 집중하는 아이를 발견할 수 있었습니다.

셋째, 안 읽는 책을 읽게 하고 싶을 때입니다. 앞서 독서의 권리에 위배 되어 조심스러운 부분이지만 꼭 읽게 하고 싶은 책이 있다면 제가 읽어주는 편입니다. 비문학 책인《어린이 대학, 물리》,《생각이 크는 인문학》등은 하루에 조금씩 읽으며 끝까지 함께 했습니다. 아이는《생각이 크는 인문학》의 '자유', '공부', '마음' 등을 읽고 철학이 흥미롭다고 말했습니다. 그와 관련된 만화책을 자발적으로 읽기도 했어요. 그리고 문학책《초정리 편지》는 앞에만 읽어주었는데, 뒷부분은 본인이 궁금해서인지 혼자서 즐겁게 읽었습니다.

넷째, 졸리고 피곤할 때입니다. 유독 피곤한 날은 독서가 귀찮아지죠. 아이의 두 눈은 무겁게 감기려 하고 책에 집중하기 힘들어 합니다. 그러면 아이가 읽던 책을 맛깔나게 읽어줍니다. 정신이 번쩍 드는지 재미있게 들은 날도 있고요. 졸리다고 듣기 싫어한 날도 있어요. 듣기 싫다는 날은 억지로 읽어주지 않습니다.

무엇보다 책 읽어주기 최상의 타이밍은 아이가 원할 때입니다. 아무리 엄마가 원해도 아이가 싫다고 하면 읽기를 멈춥니다. 제가 읽어주면서도 아이가 끼어들어 질문을 하면 아이 질문에 먼저 집중합니다. 행여나 엄마가 읽고 있는데 책은 안 보고 딴 곳을 본다 해도 잔소리하지 않습니다. 엄마 품에서 엄마 목소리를 듣고 사랑을 느꼈으면 됐습니다. 책에 대해 좋은 인상이 남았다면 만족합니다.

05

아이 속도에 맞게
읽기 독립하기

초1~2학년 독서가 중요한 이유

평생에 걸쳐 독서가 덜 중요한 시기는 없습니다. 그래도 최고의 골든타임은 초등학교 저학년 때입니다. '2020 청소년 책의 해 네트워크'에 따르면 '시기별 책에 관한 관심과 흥미'에서 책에 관한 관심과 흥미 정도가 가장 높았을 때는 초·중·고를 통틀어 초3~4학년 때였습니다. 이후 점차 하락하다가 중학교에서 다시 높아지는 현상이 나타났는데요. 전문가들은 초등 저학년 시기와 중학교 시기에 독서 관심도를 결정하는 두 번의 골든타임이 있다는 점을 시사했습니다.

그리고 독서에 가장 큰 영향을 미치는 이로는 '부모'가 35.4%를 차지하며 11.1%의 교사보다 3배 이상 비율이 높았습니다. 부모가 아이의 독서 습관을 잡는 데 누구보다 중요한 역할을 한다는 것을 보여주는 지표입니다. 아시다시피 사춘기 최고조인 중학교보다 초등학교에서의 부모 역할이 더 지대할 것입니다. (아이의 독서습관, '골든타임'이 두 번 온다/서울신문/2020.12.09.)

초1~2학년은 대부분 아이가 읽기 독립하는 시기입니다. 이 시기에 아이들이 책에 대해 어떤 인식을 갖는지에 따라 중학교 때까지의 독서 관심도에 영향을 미친다고 해도 과장이 아닙니다. 보통 읽기 독립이란 아이가 누구의 도움 없이 스스로 글을 읽고 거기에 담긴 뜻을 헤아리는 것을 말합니다. 글을 소리 내어 읽어내는 것에서 나아가 이해까지 수반되어야 진정한 읽기 독립이라고 할 수 있습니다.

읽기 독립은 진정한 독서가로 가는 길에 중요한 발판의 역할을 합니다. 독서의 즐거움을 혼자서 온전히 느끼기 시작하는 시점이거든요. 읽기 독립을 통해 읽기 수준이 한 단계 점프하며 독서가로 한 걸음 내딛게 되지요. 육아가 모두 똑같지 않듯이 읽기 독립의 시기도 천차만별입니다. 읽기가 능숙한 아이들은 유치원을 다닐 때 초등 저학년이 읽는 문고판을 재미있게 읽습니다. 조금 느린 아이들은 초3이 되어서야 혼자 읽기가 가능한 경우도 봤는데요, 늦어도 초2까지는 읽기 독립을 하는 것이 좋습니다. 초3엔 학교 교육과정에 따라 과목이 늘어나서 학습력에도 영향을 주기 때문입니다.

간혹 읽기 독립을 자발적으로 하는 아이가 있긴 하지만, 한글을 읽는다고 읽기 독립이 자동으로 되지 않습니다. 부모의 역할이 독서 습관에 중요하잖아요. 부모가 어느 때보다 더 신경을 써야 할 시기입니다. 자칫 줄글 책에 빠지기 전에 만화책만 읽게 될 수도 있습니다. 종이로 된 책보다 화려한 영상에 빠지면 읽기 독립을 하였더라도 앞으로의 독서 습관을 잡기가 어렵습니다. 읽기 독립을 제대로 한 아이가 초3~4학년 때에 높은 독서 관심도를 보입니다.

제 큰아이는 한글은 일찍 뗐지만, 초1이 되고 한참 지났는데도 줄글 책을 읽지 못했습니다. 읽기 독립도 하지 못한 아이는 학습 만화책에 빠졌습니다. 만화책의 구렁텅이에서 가까스로 빠져나온 이야기를 지금부터 구체적으로 하겠습니다.

읽기 독립하는 방법

큰아이가 초3 겨울방학을 하며 통지표를 가져왔습니다. 제일 궁금한 건 담임 선생님이 써 주신 행동 발달 종합의견입니다. 통지표 맨 뒷면에 쓰여있는 아이에 대한 선생님의 객관적인 의견 말이지요. 받아보고 조금 부풀려서 눈물을 흘릴 뻔했습니다. 첫 줄부터 '독서량이 뛰어나고 어휘력이 뛰어나~'로 시작하고 있었습니다. '애써 독서 습관 잡은 게 헛되지 않았구나.' 가슴을 쓸어내렸습니다. 엄마 성적표를 받은 것 같아 뿌듯한 마음이 들었습니다.

2년 전 이맘때만 해도 만화책에 푹 빠져 줄글 책은 쳐다보지도 않던 아이였습니다. 네, 읽기 독립을 1학년이 마칠 때까지 하지 못했어요. 저는 뭐든지 아이가 글자만 읽으면 알아서 줄글 책을 읽을 줄 알았거든요. 오래 기다렸지요. 그러다 2학년을 올라가기 전에 안 되겠다 싶어서 특단의 대책을 마련했습니다.

제일 먼저 아이가 좋아하는 분야의 줄글 책을 제공했습니다. 그림이 가득한 줄글 책입니다. 당시 아이는 '똥'에 대단한 관심을 보였습니다. 친구들과 놀면서 똥, 수업 시간에도 똥, 똥이란 말을 하도 많이 해서 혼나기도 했지요. 원수 같았지만, 아이가 재미있어하니 똥과 관련된 책을 도서관에서 모조리 빌렸습니다. 그림책, 80쪽 내외의 문고판 수십 권을 빌렸어요. 일면식도 없던 도서관 사서 선생님이 그런 제 모습이 웃겼는지 "오늘도 똥이세요?"라고 말할 정도였어요. 작전은 성공했습니다. 만화책이 아닌 똥과 관련된 책을 들춰보며 아이는 키득거리기 시작했습니다.

· 읽기 독립을 도운 <똥>과 관련된 책 ·

	책 제목	지은이	출판사	제작연도	쪽수
1	입이 똥꼬에게	박경효 글	비룡소	2008	36쪽
2	밥 먹을 때 똥 얘기 하지 마	허은순 글	보리	2013	46쪽
3	똥줌오줌	김영주 글	재미마주	2002	51쪽
4	똥개의 복수	이상권 글	시공주니어	2015	68쪽
5	학교에서 똥 싼 날	이선일 글	푸른날개	2015	72쪽

6	똥 대장! 수학 대장, 슈룹	이기규 글	여우고개	2014	78쪽
7	지우개 똥 쪼물이	조규영 글	창비	2018	88쪽
8	똥 밟아 봤어?	장영복 시	스콜라	2018	92쪽
9	흑염소는 까매서 똥도 까맣다	문삼석 시	섬아이	2009	93쪽
10	돈 벼락 똥 벼락	원유순 글	이마주	2016	93쪽
11	아니, 방귀 뽕나무	김은영 글	사계절	2015	93쪽
12	똥으로 책을 쓰는 돼지	최은옥 글	주니어김영사	2019	96쪽
13	책으로 똥을 닦는 돼지	최은옥 글	주니어김영사	2015	96쪽
14	쿵푸 아니고 똥푸	차영아 글	문학동네	2017	96쪽
15	똥 전쟁	오미경 글	시공주니어	2018	96쪽
16	마법사 똥맨 : 송언 동화	송언 글	창비	2008	100쪽
17	똥 싸는 도서관	김하늬 글	미래아이 (미래M&B)	2010	100쪽
18	쥐똥나무 똥똥이	조재도 글	작은숲	2018	112쪽
19	쉬는 시간에 똥 싸기 싫어	김개미 시	토토북	2017	112쪽
20	황 반장 똥 반장 연애 반장	송언 글	문학동네	2012	120쪽

책의 관심도를 높인 후 책 읽기 방법을 고민했습니다. 첫 번째 방법은 한쪽은 엄마가, 한쪽은 아이가 소리 내어 읽습니다. 아이는 더듬더듬 읽으면서도 엄마와 함께하니 잘 따라와 주었습니다. 이 방법이 익숙해질 때쯤 책의 앞부분은 엄마가 읽어주고 뒷부분은 아이가 읽도록 하였습니다. 책을 읽으라고 하니 말 그대로 '낭독'을 하였습니다. 낭독은 아이가 발음을 제대로 하는지 알 수 있는 효과적인 책 읽기 방법이지요. 시각과 청각이 동시에 작용하며 뇌 활성화에도 도움이 된다고 하더라고요. 의도치 않았지만, 아이의 낭독은 읽

기 독립에도 도움이 되었습니다. 아이가 점점 줄글이 익숙해지고 눈으로 읽는 속도가 빨라지며 원할 때까지만 소리 내어 읽기를 했습니다.

독서 시간은 의무였습니다. 5분에서 시작해 5분씩 점차 읽기 시간을 늘려갔습니다. 점점 늘려 3학년 올라갈 때쯤엔 40분까지 다다랐어요. 좋아하던 학습 만화책을 읽는 건 독서 시간으로 치지 않았습니다. 만화책을 읽고 싶으면 자유 시간에 실컷 읽도록 했어요. 독서를 할 때마다 정성 가득한 칭찬과 원하는 선물로 물질적 보상도 했지요.

아이는 석 달 만에 200쪽에 다다른 문고판을 읽어내며 작가가 되고 싶다고 꿈을 밝혔습니다. 물론 지금은 꿈이 바뀌었지만요. 책 읽는 즐거움에 푹 빠진 듯했습니다. 소설을 쓰겠다고 끄적이기도 하고 읽고 싶은 책의 목록을 써 내려가기도 했거든요. 그때의 독서 열정은 최고조였습니다. 아이의 독서 관심도는 한 단계 점프했습니다. 아이의 속도에 맞게 차근차근 읽기 독립을 했기 때문이라고 생각해요.

초등 저학년 때 읽기 독립을 못 한다고 해도 정상적인 학교 교육과정을 거친 성인이라면 짧은 소설 정도는 읽습니다. 기저귀 못 뗀 성인이 없는 것처럼요. 우리는 아이가 기저귀를 뗄 때 '이때가 적당할까?' 수십 번 고민했습니다. 행여나 트라우마가 생기지 않을까 아기의 정서를 살폈어요. 아이에게 생글생글 웃으며 폭풍 칭찬도 아낌없이 해주었지요. 신중하게 아기 기저귀를 떼는 걸 도와준 것처럼 읽기 독립도 마찬가지입니다. 아이의 정서, 수준, 시기가 중요합니다. 책의 취향까지도요. 부모의 긍정적인 피드백과 무한 칭찬은 필수입니다. 책을 좋아하는 아이로 거듭나도록 말이에요.

06

그림책에서 고전으로
글밥 늘리기

서서히 글밥 늘리기

요즘 큰아이 밥양이 아빠와 같아졌습니다. 돌 때 만해도 100g의 밥을 겨우 먹었는데 말이죠. 키가 클수록 밥양이 서서히 늘었습니다. 초1만 해도 성인 밥그릇의 반 공기였어요. 이제는 어엿하게 성인 남자만큼 먹게 되었어요. 많이 컸습니다.

글밥도 매한가지입니다. 생각이 자랄수록 글밥의 그릇이 커집니다. 책을 꾸준히 읽고 사고가 차곡차곡 쌓여야지만 두둑하게 쌓인 글밥도 읽을 수 있습니다. 나이만 든다고 갑자기 두꺼운 책을 읽기란 어렵습니다. 적은 양에서 천천히 나이에 맞게 밥양을 늘렸듯 서서히 사고의 성장을 생각하며 글밥을 늘려야 합니다. 평소 독서를 안 하던 아이가 고등학교에 와서 500쪽에 육박하는 글을 못 읽는 이유입니다.

당장 두꺼운 책에 욕심내지 마세요. 체합니다. 천천히 글밥을 늘립니다. 초등학생이 되었다고 갑자기 줄글 책을 읽지 못합니다. 어제와 오늘을 비교하지 말고 차라리 작년과 오늘을 비교하세요. 수십 페이지 넘게 두꺼워진 책을 발견할 수 있습니다. 꾸준히 책을 읽는다면요.

처음엔 그림책으로 시작합니다. 그림책은 성인이 되어서 읽어도 유익한 내용이 풍부합니다. 유아기 때만 읽는다는 편견을 버리세요. 교과서에 수록된 그림책도 좋고요. 아이의 흥미를 끌 만한 그림책도 좋습니다. 큰아이가 읽기 독립할 때 읽은 그림책 중《입이 똥꼬에게》,《작은집 이야기》,《욕심쟁이 딸기 아저씨》등은 아이에게 독서의 즐거움을 주기에 충분했습니다. 글이 긴 그림책은 저학년 문고판으로 넘어가는 과정에서 효과적인 징검다리 역할을 합니다.

만화가 섞여 있거나 그림이 많이 섞인 문고판은 아이들이 다 읽은 후 '내 책이 점점 두꺼워지고 있는 건가?'라는 생각이 들지 않게 합니다. 자연스럽게 글밥을 늘릴 수 있어요. 그림이 있기에 그림책만큼 재미있게 읽으면서도 줄글이 늘어난 지를 눈치채지 못하거든요. 제집에서는《엉덩이 탐정 시리즈》와《나무집 시리즈》가 그랬습니다.《13층 나무집》은 248쪽이나 되지만 곳곳에 들어있는 그림과 유머가 아이의 눈을 사로잡았습니다. 글밥 늘이기에 매우 효율적이었어요.

아이들은 언젠가 그림 없이 까만 글씨만 있는 책도 읽게 될 거에요. 지금은 때가 아닐 뿐입니다. 점점 그림의 양이 줄어드는 책을 고르세요. 큰아이는 만화와 그림이 섞인 문고판 이후에야 저학년 문고판을 읽었습니다. 처음으로 혼자 읽은 문고판은 《병만이와 동만이 그리고 만만이 시리즈》였습니다. 그중 《밥 먹을 때 똥 얘기 하지마》를 특히 자지러지게 웃으며 읽었는데요. 56쪽의 짧은 책으로 읽기 독립에 아주 적합한 책입니다. 《책 먹는 여우》도 50쪽의 짧은 책으로 아이의 흥미를 끌었습니다. 200페이지 넘는 《나무집 이야기》를 읽다가 다시 50쪽 내외로 짧은 문고판으로 간 까닭이 있습니다. 글의 호흡으로 보면 50쪽 문고판이 더 깁니다. 그림을 점점 줄이고 글밥을 늘이려고 했기 때문이에요.

점점 글밥을 늘여 저학년용 문고판을 읽으며 100쪽, 200쪽까지 글밥이 길어졌어요. 초3~4학년용 문고판을 보면 초1~2학년 때보다 글자가 작아지고 양도 많아진 걸 느낄 수 있습니다. 조금씩 그림을 줄이고 글밥이 많아지는 책을 꾸준히 제공했습니다. 초4인 큰아이는 아직도 중간에 그림이 있어야 책을 편하게 읽습니다. 글자만 있는 책은 읽지 못합니다. 아직 때가 아닌 거죠. 욕심내지 않고 늘인 글밥은 300쪽 넘는 책을 읽게 되었으니 언젠가는 까만 글씨만 있는 책도 읽어내리라 믿습니다.

수준과 정서 고려해서 책 읽기

아이가 빨리 벽돌 책을 읽었으면 하고 욕심내던 때가 있었습니다. 수학 선행보다 독서 선행에 목말랐습니다. 늦은 읽기 독립이었지만 아이는 잘 따라왔습니다. 그래서 읽기 독립하고 나서 6개월밖에 되지 않았는데도 《크리스마스 캐럴》을 들이밀었습니다. 초2에게 축약본도 아닌 고전 완역본을 들이밀다니, 아이가 읽고 이해나 할까요? 예상하셨겠지만 두 쪽 읽고는 "엄마, 무슨 말인지 모르겠어요."라고 말했습니다. 바로 포기했습니다.

"너무 어려웠지? 그럼 이번에는 이 책 읽어봐."라며 건넨 책은 《우리 반 욕 킬러》였어요. 인터넷에 검색해보니 초5~6학년에게 인기가 많았습니다. 아이가 읽는데, 인상을 쓰면서 그만 읽겠다고 했습니다. 아직 욕설이 뭔지도 모르는 아이에게 욕이 가득한 책을 던져줬으니 못 읽을 수밖에요.

아이보다 높은 학년의 아이가 읽는 책을 내 아이가 읽게 하고 싶겠지만 욕심을 버리세요. 저처럼 실수하지 마시고요. 아이에게 가장 좋은 책은 아이의 수준, 정서, 흥미를 고려한 책입니다. 고학년을 위한 책이라고 분류한 데는 그만한 이유가 있습니다. 사춘기에 접어든 아이들의 학업 이야기, 연애 이야기, 언어생활, 학교생활을 저학년 아이들이 이해하기 어렵습니다. 고전 문학도 그렇습니다. 글밥만 보면 짧은 《어린 왕자》도 제대로 이해하려면 고학년이 되어서야 가능합니다.

중학년까지는 무조건 아이 정서에 맞는 재미있는 책을 권합니다. 거듭 얘기하지만, 작가의 의도를 파악하고 작품의 가치를 판단할 수 있는 나이는 고학년쯤 되어야 가능합니다. 글에서 느껴지는 아름다운 표현, 중의적 표현, 작품의 의의를 중학년까지는 알기 어렵습니다. 섣불리 기대하지 마세요.

저만의 아이 책을 고르는 방법이 있습니다. 온라인 서점에 들어가 학년별로 나누어져 있는 분야를 선택합니다. 그리고 판매량 순으로 검색합니다. 표지에 금색, 은색 딱지가 붙어있다면 더욱 좋습니다. 아이의 취향에 맞는다면 바로 도서관에서 대여합니다. 그래도 가끔 제목에서 풍기는 고학년의 냄새가 있습니다. 그럴 땐 목차를 살피고 잠깐 몇 쪽 읽어 봅니다. 아이의 정서에 맞을지 먼저 검열하고 아이에게 책을 제공하고 있어요. 아이의 정서, 수준, 취향에 맞는 책을 골라준다고 신경 쓰긴 하지만 아이가 읽기 싫어할 때도 있습니다. 그럴 때 아이는 가차 없이 책을 덮습니다.

이야기의 힘

고전 문학에 대한 로망 있으시죠? 저는 있습니다. 아이 책장에 민음사의 세계문학전집이 빽빽하게 자리하는 상상을 합니다. 명화 또는 저자의 사진이 감각적으로 디자인된 표지의 그 책 말이에요.《데미안》,《위대한 개츠비》,《젊은 베르테르의 슬픔》 등의 고전 문학을 이해하고 즐겨 읽는 날이 오기를 기다립니다.

고전 문학을 온전히 이해한다는 건 숙련된 독서가가 되었다는 걸 말합니다. 책 속에서 비유, 상징, 의도, 가치를 파악합니다. 주관에 맞게 논리적으로 비평합니다. 읽으며 복잡한 사고의 과정을 거치고 내면화할 수 있습니다. 성인이 되어도 고전 문학을 온전히 내 것으로 만들기 어려운 것을 보면 단단한 독서 내공이 필요합니다.

수백 쪽의 전공 서적을 뚝딱 읽어도 고전 문학의 책장이 잘 넘어가지 않는 까닭이기도 합니다. 비문학 책의 목적은 지식 전달에 있는 반면에 문학책의 목적은 이야기에 있습니다. 이야기의 힘은 실로 놀랍습니다. 강력한 마력을 가진 소설책을 읽으면 머릿속에서 온갖 그림이 그려집니다. 책의 세계에 빠져 밤새는 줄도 모르지요. 고전 문학은 그러한 서사의 힘 외에도 오랜 기간에 걸쳐 작품성을 인정받으며 우리의 가치관까지 흔들어 놓습니다.

아이마다 독서 취향이 다르겠지만, 문학책을 강력히 추천합니다. 책 읽는 즐거움의 원천은 문학에서 나옵니다. 아이들은 이야기를 좋아하죠. 상상하고 사색하기엔 최고의 매체입니다. 생각해 보세요. 아이들이 언제 하나의 주제로 서너 시간을 집중하며 이야기를 풀어 나가는 경험을 해보겠어요? 그것도 혼자의 힘으로 말이지요. 아이들은 한 권의 문학책을 읽으며 주인공의 심정, 사건의 전개, 상황의 분위기 등을 복합적으로 생각하게 됩니다. '나라면 어떨까?'라는 물음을 지속해서 던지며 이야기에 빠져들어요. 자신도 모르게 감정이 이입됩니다. 이보다 소중한 지적 경험은 없습니다.

줄거리의 흐름을 놓치지 않고 결말까지 다다르면 아이의 언어 감각은 저절로 좋아집니다. 고품질의 언어 자극을 받았기 때문입니다. 단편적으로 글을 이해하지 않습니다. 큰 흐름 아래 이야기 구성법, 아름다운 표현 방법, 적절한 어휘의 사용 등을 체득하지요. 어휘력, 독해력, 문해력을 위해서라면 지식 책보다 문학책이 정답입니다.

그림책에서 시작해 종착역은 고전 문학입니다. 완역본의 고전 문학으로 가는 길에 동화책을 풍부하게 읽고 있어요. 200쪽 이상의 동화책을 막힘없이 읽는다면 초3~4학년에 고전 문학을 하나둘 시도하는 것도 좋습니다. 큰아이는 초3 때 《이상한 나라의 앨리스》, 《허풍선이 남작의 모험》, 《오즈의 마법사》 완역본을 재미있게 읽었습니다. 독서를 꾸준히 해온 아이라면 중학년에서도 충분히 고전 문학을 읽을 수 있습니다. 고학년이 되면 사고가 깊어진 만큼 비룡소 클래식이나 시공 주니어 클래식에 있는 고전 완역본을 읽을 수 있습니다.

저의 로망인 민음사의 세계문학전집은 그 이후입니다. 물론 그때 가서도 아이가 읽기 싫다면 '잘 가, 내 로망' 할 테지만요.

07

다독과 정독,
효과적으로 읽기

다독의 효과

큰아이는 판타지 책을 좋아하지 않아요. 무서운 귀신 얘기도 싫어합니다. 여자가 주인공인 책도 능글맞다며 안 읽어요. 대신 학교에서 일어나는 일상적인 이야기에 관심을 보입니다. 유머가 들어가 있으면 더욱 좋아합니다. 말장난이 주제면 먼저 책을 들춥니다. 똥 얘기가 소재로 쓰였다면 다시 읽을 확률은 100%입니다.

이렇게 아이의 취향을 파악하는 데 좋은 방법은 '다독'입니다. 짜장면이 좋은지, 짬뽕이 좋은지 먹어봐야 선택할 수 있습니다. 먹어보지 않은 메뉴를 제일 좋아하는 메뉴로 선택할 수 없습니다. 여러 장르의 책을 많이 접해봐야 좋아하는 책을 찾을 수 있습니다.

'초등 독서 습관의 큰 그림'(54쪽)을 그리면서 초3~4의 독서 목표를 '작품을 즐겁게 감상하기, 풍부한 읽기 경험하기'에 두었습니다. 이때는 아이의 독서 습관이 시작되는 시기이지요. 취향이 생기는 때이기도 합니다. 아직 독서 경험이 부족해 무엇을 좋아하는지도 모르는 아이들이기에 이 시기에는 무조건 많이 읽게 합니다.

다독의 효과는 아이의 독서 취향을 발견함과 동시에 독서 자신감을 높여줍니다. 독서 습관을 들인지 얼마 안 된 아이들도 '나 좀 읽는데?'라며 생각하게 됩니다. 큰아이는 독서를 한 후 읽은 책 제목을 독서통장에 한 권, 한 권 기록했어요. 짧은 책이라 하루에 두세 권 읽은 적도 있었는데 200권이 모두 채워진 목록을 보니 뿌듯해했습니다. 그날은 치킨도 사 먹었지요. 아이에게 최고의 날이었습니다. 높아진 독서 자신감은 다음 책을 읽게 하는 원동력이 되었습니다.

대충 읽고 넘어가는 듯한 다독이 무슨 공부가 될지 의심이 듭니다. 다시 강조합니다. 독서는 공부가 아닙니다. 감상할 대상입니다. 무엇보다 초등 독서 습관의 첫 번째 목적은 '읽기의 즐거움 느끼기'입니다. 공부를 위한 독서 '교육'은 학교에서 잘하고 있습니다. 집에서 하는 독서의 목적은 성인이 되어서도 읽는 사람을 만들자는 거예요. 문해력, 사고력, 어휘력, 공부 실력은 자연스럽게 따라오는 효과입니다. 다독은 부담 없이 읽으며 독서의 즐거움을 느끼기에 가장 좋은 방법입니다.

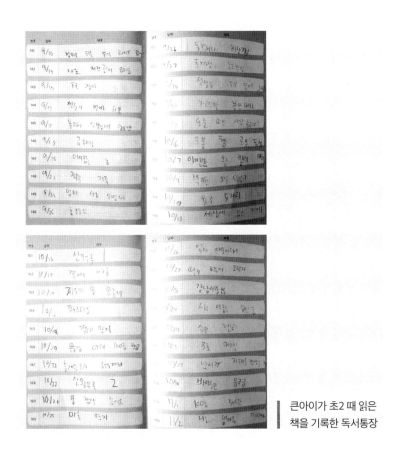

큰아이가 초2 때 읽은
책을 기록한 독서통장

멀리 보고 아이의 독서 습관을 잡으려면 먼저 많은 양의 책을 읽게 하세요. 다양한 책을 제공하세요. 읽기 싫어 한다면 다른 책을 보여줍니다. 책이 재미있다고 느껴야 해요. 빨리 읽어도 괜찮습니다. 읽었던 책을 또 읽어도 됩니다. 어휘 하나에 붙잡을 필요 없습니다. 다독으로 아이에게 독서 자신감과 즐거움을 선물하세요. 양적으로 늘어난 독서는 아이의 독서 취향도 발견하게 합니다.

속독과 정독 사이

속독은 빠른 속도로 책 읽기입니다. 정독은 뜻을 새겨 가며 자세히 읽기입니다. 독서의 효과를 보려면 속독이 좋을까요? 정독이 좋을까요? 정답은 둘 다입니다. 오만가지 독서의 효과가 있는데, 무엇이 좋다고 딱 잘라 얘기할 수 없습니다.

그림을 그릴 때 크게 두 가지 방법이 있습니다. 전체 형태를 그리고 세부 묘사를 하는 방법 하나와 세부 묘사를 먼저 하면서 전체를 완성해 나가는 방법 하나가 있습니다. 전자는 그림의 전체 균형에 중심을 두는 것이고 후자는 섬세한 표현에 집중합니다. 무엇이 그림을 잘 그리는 방법이라고 할 수 없습니다. 저는 인물화를 그릴 때는 전체를 먼저 그리고, 꽃을 정밀 묘사할 때는 세부 묘사에 중점을 둡니다. 성향에 따라, 때에 따라, 목적에 따라 그림 그리는 방법은 달라집니다.

책 읽기도 비슷합니다. 전체의 흐름을 잡기 위해선 속독을, 세부 내용을 분석하기 위해선 정독이 적합합니다. 무엇이 좋고 나쁨이 아니에요. 아이들은 필요에 따라 누가 가르쳐 주지 않아도 속독과 정독을 오갑니다. 수업 시간에 선생님의 이야기를 듣고 교과서를 읽으며 정독을 경험합니다. 이 시간에는 엄마가 시키지 않아도 정독할 수밖에 없습니다. 교과서에 나온 문제에 답을 해야 하거든요. 엄마가 안달복달하지 않아도 책의 내용을 꼼꼼히 읽고 찾는 활동은 수업 시간에 충분히 이루어집니다. 내용이 궁금해서 빨리 읽고 싶을 때, 책 읽기 귀찮은 날은 속독할 거예요. 또는 성격이 급해서 속독하기도, 꼼꼼한 성격 때문에 정독하기도 합니다.

집에서는 정독을 강요하지 말았으면 합니다. 정독하길 원한다면 독서 시간에 읽는 책 말고, 차라리 문제집으로 효과를 확인하세요. 제가 그러고 있습니다. 독해 문제집은 지문의 내용을 정독해야만 문제의 정답을 찾을 수 있습니다. 아이가 푼 독해 문제에 오답이 많이 있다면 정독하지 않았음을 의미해요. 그러면 다시 지문을 꼼꼼히 읽으며 내용과 답을 점검합니다. 이런 과정을 거치면서 아이는 자연스레 정독을 훈련합니다.

반대로 책 한 권을 읽으며 꼼꼼히 보는 스타일의 아이가 있습니다. 더딘 탓에 나름의 고민이 있으시죠. 아이의 독서 방법을 존중해주세요. 마찬가지로 아이의 읽기 속도를 높이고 싶다면 이번에도 문제집을 활용하세요. 문제 푸는 시간과 양을 정해 독해 문제집을 풉니다. 시간은 점점 줄여갑니다. 독서에서 읽는 속도보다 더 소중한 효과를 놓치고 싶지 않다면 책으로 절대 실랑이하지 않았으면 해요.

육아에 왕도가 있던가요? 독서도 육아의 연장선입니다. 우리는 알고 있습니다. 언제나 해답은 아이에게 있다는 것을요. 아이가 웃으며 오늘도 책을 읽으면 잘하고 있다는 증거입니다. 속독과 정독이 중요하지 않아요. 숙련된 독서가로 가기 위해 변하지 않는 진리는 '재미있게 책 읽기'입니다. 전체를 먼저 그리든 부분을 먼저 그리든, 그림에 대한 저의 열정만은 변함없습니다. 아이가 책을 좋아하면 속독이든 정독이든 문제 되지 않습니다. 책 읽는 기술보다 중요한 건 책을 좋아하는 마음입니다.

08

편독과 만화책,
지혜롭게 활용하기

편독의 이중성

엄마가 도서관에서 다양한 분야의 책을 빌려오지만, 선택은 늘 아이의 몫입니다. 문학뿐 아니라 수학, 과학, 사회와 관련된 이야기 책도 있지만 큰아이는 거의 문학 작품만 봅니다. 문학 작품을 강조하며 습관을 들인 탓도 있겠지만 지식 위주의 비문학 책은 잘 읽지 않는 편입니다.

편독이라고 하지요. 한 분야에 치우쳐 책을 읽습니다. 저도 편독을 합니다. 과학 분야의 책은 매우 읽기 힘듭니다. 소설, 인문학, 미술, 자기 계발서는 읽지 말라고 해도 찾아 읽습니다. 골고루 밥을 먹으면 건강해지듯 골고루 책을 읽으면 건강한 독서가 될 것 같습니다. 머리로는 알지만 익숙하지 않은 서가에는 발길이 뜸합니다.

좋아하는 분야의 책만 읽기, 괜찮을까요? 편독은 편식과 다릅니다. 아이들의 독서에서 편독은 어찌 보면 아이의 흥미와 관심사를 보여줍니다. 공룡을 좋아하는 아이들이 공룡 책만 파며 그 어려운 공룡 이름을 외우는 걸 심심치 않게 보셨을 거예요. 편독은 아이가 관심 갖는 분야를 깊이 탐구할 수 있는 최고의 독서 방법입니다. 그래서 자발적 책 읽기로 가는 지름길이기도 하지요.

편독은 다른 장르의 책까지 확장하는 기회를 줍니다. 공룡을 다룬 지식 책만 읽던 아이도 공룡을 주제로 한 문학은 자연스럽게 도전하기도 합니다. 문학책만 읽던 큰아이도 과학을 동화로 풀어낸 이야기는 잘 읽습니다. 편독하는 아이들은 필요에 따라 다른 분야까지도 자연스럽게 손을 뻗습니다.

한 분야의 책 읽기는 문제가 되지 않지만, 문학책은 꼭 읽기를 추천합니다. 앞서 강조했듯이 문학책은 서사의 힘이 있습니다. 긴 호흡의 이야기를 끌고 가는 훈련은 교과서나 지식을 다룬 책을 통해 체득되지 않습니다. 문학책을 읽으며 이야기에 푹 빠지는 경험이 필요합니다. 비문학 책만 좋아하는 아이도 동화로 된 지식 책을 권한다면 이야기의 재미에 빠질 수 있을 겁니다. 나중에는 온전히 문학책으로 넘어갈 수 있을 거예요.

다양한 분야의 책을 읽으면 좋겠지요. 다방면에 상식이 쌓이니까요. 제가 과학책을 읽었다면 과학 지식의 깊이가 깊어졌을 텐데 말이지요. 그래도 학창 시절 과학 점수는 나쁘지 않았답니다. 만약 아이 학교 공부를 위해 편독을 고치려고 애쓰고 있으시다면 굳이 그러지 않으셔도 됩니다. 이미 정제되어있는 최상의 지식은 교과서를 통해 배우고 있으니까요. 교과서를 모두 이해하고 더 깊은 지식에 목말라 있다면 읽으라 하지 않아도 알아서 읽게 됩니다.

그래도 불안해서 맛보기라도 다양한 분야의 책을 읽게 하고 싶다면 엄마가 읽어주세요. 맛있게 매일 5분씩만 읽어주세요. 아이가 학교에서 배우는 내용, 관심 있는 분야, 어디서 들어본 듯한 뉴스와 관련된 책이라면 흥미를 보일지 모릅니다. 안 보이면 어쩔 수 없습니다. 편독으로 어떤 악영향도 나타나지 않아요. 책을 강요받으면 아이는 책에 대해 반감만 느낄 뿐입니다. 세상에 편독하지 않는 사람은 없습니다. 괜찮습니다. 편독은 해롭지 않아요.

맛있는 만화책

근무하는 교무실에는 독서광 선생님 세 분이 있습니다. 두 분은 국어, 한 분은 영어 선생님입니다. 제 옆자리라 그런지 저도 그분들의 대화에 낀 적이 많은데요. 세 분의 대화 주제는 단연 '책'입니다. 요즘 읽고 있는 책을 비롯해 집안 책장에 꽂혀 있는 책 현황까지, 책에 관한 이야기가 넘쳐납니다. 하루는 영어 선생님이 가지고 있는 책을 국어 선생님 두 분이 서로 먼저 빌리겠다고 난리가 났습니다. 평소에 두꺼운 소설책, 자기 계발서, 전공 서적 등을 읽는 분들이었는데, 알고 보니 난리 난 그 책은 순정 만화책이었습니다.

독서 실력이 높은 선생님들은 만화책에 관대했습니다. 제가 아이에게 한국사 책을 좀 읽히고 싶은데 잘 읽지 않는다고 말했더니, 국어 선생님은 "《맹꽁이 서당》 읽히세요."라고 만화책을 권해주셨습니다. 고등학교 교실에서는 책을 좋아하면서 만화책도 즐겨 읽는 아이들을 종종 봅니다. 요즘은 웹툰으로 많이 접하기도 하지만요. 어릴 적 학습 만화에 빠져서 잡다한 상식이 쌓였다는 아이도 있었습니다.

큰아이는 일곱 살부터 초1까지 학습 만화책에 푹 빠져 있었습니다. 《마법 천자문》으로 시작해 각종 과학 학습 만화책을 읽느라 하루가 분주했습니다. 만화책의 효과인지 지금도 한자에 대한 거부감이 없습니다. 한자를 안 덕분에 중국어에도 관심을 보여 엄마표 중국어도 할 수 있었습니다. 《WHY 시리즈》를 비롯한 여러 과학 학습 만화책은 아이에게 과학에 대한 흥미를 높여주었습니다. 만화책에서 본 내용을 생활에서 찾아보고는 과학실험을 하기도 했어요. 학년이 올라가니 필요에 따라 과학 관련 줄글 책을 확장해서 읽기도 하더군요.

엄마가 보기에 만화책은 탐탁지 않으시지요? 학교 도서관, 지역

도서관에 학습 만화책이 있는 이유가 있습니다. 만화책은 아이의 흥미를 끌기 충분합니다. 줄글 책 읽기는 힘들지만, 만화책은 만만합니다. 재밌는 그림과 유머가 넘쳐나지요. 아이들은 만화책을 통해 '책'이라는 물성을 긍정적으로 체험할 수 있습니다. 제 아이가 읽기 독립을 짧은 기간에 할 수 있었던 것도 어쨌든 만화'책'을 읽는 세월이 있었기 때문이라 생각해요.

만화책이 좋다 나쁘다 의견은 분분합니다. 만화책을 접하지 않은 아이에게 굳이 만화책을 권할 필요는 없습니다. 만화책만 읽는 것은 독서 실력에 도움이 되지 않습니다. 당연히 국어 능력 향상에도 효과를 보기 어려워요. 만화책은 제 아이가 그랬던 것처럼 새로운 분야의 지식을 맛보기로 보여주기에 좋은 매체입니다. 깊은 지식을 기대하면 안 되고요. 호기심을 자극할 정도입니다. 줄글 책을 꾸준히 읽으며 만화책은 놀이 시간에 읽도록 해주세요. 독서 실력도 쌓으며 재미와 지적 호기심을 동시에 만족시킬 수 있을 거예요.

고등학교 학교 도서관에도 만화책이 즐비합니다. 도서관 수업을 하면 고등학생들이 제일 먼저 달려가는 곳은 만화책이 있는 서가입니다. 독서 실력이 좋든 나쁘든 가리지 않습니다. 만화책은 어쩌다 먹는 달콤한 초콜릿과 같습니다. 매일 건강한 밥을 먹다 짜릿한 기분을 위해 먹는 간식입니다. 건강한 밥인 줄글 책을 꾸준히 읽는다면 가끔 달콤한 간식을 먹어도 좋습니다.

09

독서 영역
확장하기

일상에서 다양한 글 읽기

책을 읽지 않는 어른도 매일 글을 읽습니다. 인터넷 포털 사이트에서 신문 기사나 맛집을 찾기 위해 블로그 글을 읽지요. 회사에서는 각종 보고서를 읽습니다. 쇼핑하며 광고 문구를 읽습니다. 외국영화를 보며 한글 자막을 눈으로 봅니다. 아파트 엘리베이터에 붙어있는 전단이며 공고문도 빼놓을 수 없습니다.

독서에서 중심이 되는 매체는 책이지만, 다양한 형태의 글 읽기를 추천합니다. 읽기의 지평을 넓히면 아이가 글을 대하는 태도가 달라집니다. 어떤 글이든 관심 있게 보는 눈이 생깁니다. 글에 대한 관찰력과 호기심이 높아집니다. 글을 읽음으로써 따라오는 국어 능력은 당연하지요. 제가 독서 시간 이외에도 실천하고 있는 다양한 글 읽기 방법을 소개하겠습니다.

첫째, 교과서 읽기입니다. 학교 공부를 위해 가장 중요한 건 책 읽기 이전에 교과서 읽기입니다. 정독의 정수가 되어야 할 글은 교과서이지요. 학교에서 그날 배운 내용의 교과서를 꼼꼼하게 읽도록 합니다. 국, 영, 수, 사, 과 주요 과목의 교과서 내용을 샅샅이 톺아봅니다. 매일 그날 학교에서 배운 부분을 낭독해도 좋습니다. 눈으로 훑어 읽으며 모르는 어휘가 있으면 국어사전에서 찾는 활동도 효과적입니다. 교과서의 내용을 완전하게 이해하며 정독하는 습관은 독서에서도 영향을 주며 서로 선순환됩니다.

둘째, 신문 읽기입니다. 신문은 짧은 글로 여러 분야의 글을 읽기에 매우 적합합니다. 정치, 경제, 사회, 과학, 예술 분야까지 지금 뉴스를 실시간으로 볼 수 있습니다. 초등 아이들이 읽을 수 있을까 싶지만, 어린이 신문을 통해 충분히 시사 뉴스 읽기가 가능합니다. 아이가 다방면에 관심이 많고 읽기를 좋아한다면 종이신문도 좋습니다. 신문 기사 외에 광고의 카피를 읽을 수도 있고, 다양한 기사에 실린 사진과 헤드라인 카피만 보는 것도 아이의 언어 능력에 도움이 됩니다. 신문이 쓰레기가 될 것 같다면 인터넷에서 어린이 신문을 무료로 편하게 보세요. 매일 기사를 하나씩만 봐도 충분합니다. 설명하는 글, 주장하는 글, 인터뷰 글 등 다양한 형식의 글을 경험하게 됩니다.

셋째, 생활문 읽기입니다. 학교에 입학하자마자 아이는 학교에서 생활문 읽기를 경험합니다. 바로 '알림장'입니다. 선생님이 내주신 알림장을 그대로 받아 적어 오기도 하는데요. 요즘은 휴대전화 앱을 통해 학부모에게 알림이 오는 경우가 많아졌습니다. 1학년부터 학교에서 적어 온 알림장을 아이가 읽도록 하세요. 알림장을 읽고 준비물을 챙기는 것도 아이가 해야 할 일입니다. 알림장 읽기는 읽기 능력이 향상될 뿐 아니라 수행평가나 준비물의 주체가 아이 자신이라는 것을 인식시키는 데도 효과가 있습니다. 또한 학교에서 받아오는 가정통신문도 아이가 읽어보게 하세요. 가정통신문을 꼼꼼히 읽으면 학교에서 일어나는 일에 관심을 갖게 됩니다.

넷째, 엄마의 편지글 읽기입니다. 엄마의 글은 어떤 글보다 강력한 힘이 있습니다. 엄마의 사랑을 확인할 수 있는 글이잖아요. 아이의 눈높이에 맞추어 쓰되 어른의 어휘를 사용해서 아이에게 편지를 써보세요. 그러면 아이는 모르는 어휘에 크게 관심을 보이며 엄마에게 물을 겁니다. 엄마의 사랑을 온전히 읽고 싶으니까요. 저의 유년 시절, 초등 6년 내내 아빠 산타가 써주신 편지가 지금도 행복한 추억으로 남아있습니다. 엄마의 편지는 아이에게 국어 능력뿐 아니라 아름다운 추억을 선물합니다.

교과서 읽기, 신문 읽기, 생활문 읽기, 엄마의 편지글 읽기 이외에도 일상에 읽을거리는 넘쳐납니다. 아이의 관심과 관련된 잡지 읽기도 좋고요. 과자 상자에 있는 영양 정보 읽기도 훌륭한 읽기 자료입니다. 아이가 다양한 글을 그냥 지나치지 말고 관심을 두고 읽게 해주세요. 교과서 공부처럼 꽉꽉하게 말고요. 즐기면서 말이지요.

11월을 마치며..

11월에는 새로운 경험을 한 달이구나. 엄마는 ■ 패러글라이딩 타보던 게 가장 기억에 남아. 엄마는 겁이 많아서 평생가도 못 탈 것 같은데 우리 ■ 1점 꼬맣게 타냈은지! 정말 대견했어! 좋은 추억이 되었길 바라.

11월에는 ■ 놀이터에서 자주 보고 재밌었지! 줄넘기도 오랜만에 신나하고 말이야. 친구랑 밖에서 뛰어놀고 하니깐 엄마 기분이 좋더라고. 다시 코로나가 심해져서 지금은 못 놀지만 코로나가 잠잠해지면 ■■ 밖에 나가 놀자. 친구안나 놀고 코딩도 집에서 툴툴이 하면서도 해야할 공부를 게을리하지 않고 성실하게 한 아들, 칭찬해! 아빠가 늘 말하지. 공부를 잘하는게 최우선은 아니라고. 엄마도 그렇게 생각해. 엄마랑 집에서 공부를 ■ 하는 목적은 ■ 가 학생으로서 성실한 태도와 책임감있는 습관을 만들 주게 위함이야. 꼭 100점 맞고 모두 잘하는게 목적이 아니란다. 주어진 일에 근면한 태도로 끝까지 노력하는 모습을 보고 싶은거야. 그게 공부에서 더더욱 이상의 가치가 있단다. ■ 정말 꼬린 면에서는 꽉꽉히 잘하고 있어. 앞으로 날아가면서 필요한 자질을 갖추려고 노력 중인거야. 앞으로도 화이팅!! 엄마가 많이 많이 사랑해. ♡

진로 탐색을 위한 연계 독서

큰아이가 학교에서 '나의 꿈 발표대회'가 열린다고 하더군요. 아이는 로봇 과학자를 꿈으로 정했다고 했어요. A4 한 장의 글을 써야 한다고 해서 이때다 싶었습니다. 아이가 원하는 꿈에 대한 정보를 책을 통해 제공하기로 마음먹었습니다. 도서관에 가서 로봇 과학자와 관련된 책을 있는 대로 빌려왔지요. 아이는 이전에는 관심 보이지 않았던 지식 책도 집중하며 읽었습니다.

초등 아이들은 하루에도 수십 번씩 꿈이 바뀝니다. 또 경험한 만큼 흥미와 적성을 찾아갑니다. TV, 동영상, 인터넷 사이트 등 다양한 진로 탐색의 통로가 있지만, 책도 아이가 앞으로 하고 싶은 일에 대해 심도 있게 생각하기 적당한 매체입니다.

그런 면에서 초등 시기에 위인전을 접하면 좋습니다. 위인의 걸어온 길을 살피며 아이는 닮고 싶은 사람을 만나게 됩니다. 혹여 만나지 않더라도 진로 개척을 위해 어떤 태도를 지녀야 하는지 배울 수 있습니다. 제 아이처럼 줄글로 된 위인전을 좋아하지 않는다면 학습 만화책을 접하게 하는 것도 좋은 방법입니다.

큰아이의 꿈은 컴퓨터 프로그래머로 바뀌었습니다. 그래서 빌 게이츠, 일론 머스크, 래리 페이지 등 컴퓨터로 성공한 위인의 일생을 담은 학습 만화책을 보여줬습니다. 학습 만화를 접한 후 줄글 책도 단숨에 읽었습니다. 심지어 영어 원서까지 찾아 읽더라고요. 이후 코딩 언어가 나오는 실용서를 찾아 꼼꼼히 읽으며 코딩을 시작했습니다.

학교에서 숙제를 내주거나 학사 일정 중 진로 주간일 때, 즉 진로에 대한 관심도가 최고로 다다를 때 아이의 적성에 맞는 책을 연계하면 효과는 배가됩니다. 대부분의 학교는 진로 주간이 있습니다. 아이들이 자기 진로에 대해 진지하게 고민해 보고 꿈이 무엇인지 묻습니다. 이런 과정을 엄마가 아이와 함께 고민해 주세요. 아이가 학교에서 하는 활동에 관심을 두고, 때마침 진로에 관해 활동한다면 도서관으로 달려갑니다. 아이의 관심사에 맞는 책을 빌려 보여 주세요. 축구선수가 꿈이라면 손흥민 선수 이야기가 담긴 책, 패션 디자이너가 꿈이라면 코코 샤넬의 위인전, 간호사가 꿈이라면 나이팅게일의 일대기가 담긴 책 등을 권하세요. 읽기 동기가 강한 만큼 아이도 흥미를 갖고 읽게 됩니다.

제가 진로 연계 독서를 유독 힘주어 말하는 이유가 있습니다. 고등학생들의 학교생활기록부에서는 무엇보다 진로 연계 독서를 강조합니다. 입시에서 성공하는 학생부는 모두 자기 진로와 연관된 것입니다. 화학자가 되고 싶은 아이는 국어 시간의 '한 학기 한 권 읽기'에서도 화학과 관련된 책을 읽습니다. 영어 시간 원서 읽기 시간에도 당연히 화학이 주제인 책입니다. 꼭 진로를 확실히 정해야 하는 건 아니지만 진로를 중심에 두고 책을 읽는 독서 이력이 있는 아이가 입시에 유리한 게 사실입니다.

초등 아이들의 적성과 재능에 맞는 진로를 위해서도, 학생부에서 독서 이력을 효율적으로 활용하기 위해서도 진로 연계 독서는 필요합니다. 독서의 효과 중 하나가 간접경험이잖아요. 아이에게 다양한 직업을 책으로 접하게 해주세요. 초등 저학년부터 진로 연계 독서를 경험한 아이들은 고학년이 되어서는 스스로 꿈에 관한 책을 찾을 수 있을 겁니다. 엄마가 계속해서 아이 진로에 관심을 두세요. 그 어떤 독서보다 중요합니다.

10

아이의 독서를 돕는
엄마의 책 읽기

엄마의 책 읽기

"아이가 책을 읽게 하려면 부모가 책 읽는 모습을 보여주세요."

많은 독서교육 전문가들은 말합니다. 맞습니다. 아이는 부모의 거울이지요. 부모의 모습, 성격, 습관, 말투 등을 그대로 따라 합니다. 게임만 하는 모습을 보여주는 부모와 책 읽는 모습을 자주 보여주는 부모의 아이들에겐 분명한 독서 환경의 차이가 있습니다.

아이의 독서를 위해서 엄마도 책을 읽자는 겁니다. 그런 연유로 저도 매일 독서를 시작했어요. '워킹맘으로 살며 아이들 책 읽어주기도 바쁜데 무슨 내 책을 읽어?'라며 그동안 독서를 피했습니다. 아이가 스스로 책을 읽기만을 바랐습니다. 책 읽어주기도 힘들어서 그만하고 싶었거든요.

바람대로 아이는 혼자 책을 읽었고 만화책을 찾았습니다. 그러다 만화책은 읽지만, 줄글 책을 읽지 못하는 아이가 걱정되었습니다. '엄마로서 무슨 노력을 할 수 있을까?' 생각하며 수십 권의 독서교육 관련 도서를 읽고 자녀 교육서를 독파했어요. 해결 방법은 엄마도 책을 읽고 아이에게는 책을 읽어주는 것이었습니다.

도서관에서 아이 책을 빌리며 제 책도 한 권씩 빌렸습니다. 아이에게 책 읽는 모습을 보여주기 위해서였지요. 방학 중 아이는 엄마가 책 읽는 모습을 매일 봤습니다. 하지만 아이가 그 시간에 책을 들지는 않았어요. 만화책 읽기에 바빴죠. 변한 건 저였어요. 형식적인 책 읽기였는데 점점 책 내용에 빠져들었습니다. 기억하고 싶은 문구를 꾹꾹 담아 필사도 했습니다. 진짜 책 읽기의 희열을 느꼈습니다. 계속해서 책을 읽고 싶은 마음이 들었습니다.

또 책을 읽으며 아이 심정이 이해가 갔습니다. 저는 한 시간 동안 진득하게 앉아서 책을 읽지 못합니다. 흥미진진한 이야기가 담긴 책은 밤을 지새워 읽겠지만, 어디 그런 책이 흔한가요? 엄마도 못 하는 걸 아이가 해낼 리 없습니다. 독서를 하며 자꾸 화장실에 가고 싶어 하는 아이의 마음을 헤아릴 수 있었습니다. 책에 대해 확인 차 하는 질문에 대해서도 역지사지의 마음가짐이 되었어요. '나한테 읽은 책의 줄거리를 말하라고 한다면?'이라고 생각해봤어요. 선뜻 줄거리를 논리적으로 설명하지 못할 것 같았어요. 무엇보다 하기 싫습니다. 그냥 좋아서 읽는 책인걸요.

아이가 책을 읽기를 바란다면 엄마도 책을 읽으세요. 아이의 입장을 몸소 체험하세요. 속독이든 정독이든 걱정을 내려놓게 될 거예요. 아이가 그저 책을 읽어주는 것만으로도 예쁘다고 생각하게 됩니다. 아이가 책의 즐거움을 찾아가는 과정을 엄마도 겪게 될 거예요. 그렇다고 당장 엄마의 책 읽는 모습으로 아이가 엄친아로 변한다고 기대는 마세요. 아이는 책을 읽으면 읽을수록 차츰 이야기를 즐기는 표정을 보여줄 거예요.

단호함 속에 달콤한 독서 시간

초3~4학년까지만 해도 독서 흥미가 높았던 아이들이 초5~6학년이 되면 독서량이 확연히 줄어듭니다. 이유는 공부하기 바빠서겠지요. 이제 중학교를 준비해야 한다는 생각에 마음이 급합니다. 해야 할 것이 많아 불필요하다고 생각하는 활동은 후 순위로 밀려나기 마련입니다. 독서는 당장 보이는 공부 효과가 없기에 각종 학원 일정에 밀려 버립니다. 주말에라도 읽어주면 다행이고 아니면 어쩔 수 없는 상황에 이르지요.

공자는 '멈추지 않는 이상, 얼마나 천천히 가는지는 문제가 되지 않습니다.'라고 말했습니다. 진정으로 공부를 잘하길 원한다면 우선순위에 독서를 두세요. 하루에 단 15분씩만 매일 읽어도 1년 뒤 아이의 문해력, 어휘력, 사고력이 변화된 걸 느낄 수 있습니다. 대학 입시에 활용될 고등학교 학생부에는 독서 실력이 바로 평가로 들어가니까요. 아이 입시를 위해서도 수학 선행보다 독서가 현명한 투자입니다.

효율적으로나 전략적으로나, 아이 공부와 인생을 위해 최우선순위는 독서 시간입니다. 그래서 저는 아이가 중학생이 되어도 이어나갈 생각입니다. 독서는 꼭 해야만 하기에 아이에게 독서의 중요성을 말했습니다. 사실 아이들은 학년이 올라갈수록 학교에서 독서가 얼마나 필요한지 알게 됩니다. 초등 대부분 교실에서 담임 선생님은 하루 10분이라도 책을 읽게 하려고 노력하죠. 친구들이 읽는 책을 보며 독서 실력에 대해 은연중 경쟁심을 갖게 됩니다. 엄마도 강조하고 선생님도 목소리 높여 얘기하기에 아이는 독서가 얼마나 중요한지 점점 몸으로 느낍니다. 늘 실천이 어려운 법이지요. 아이가 독서를 실천할 수 있도록 단호하게 독서 시간을 확보합니다. 아이가 협조해 준다면 중학교 때까지도요.

강제로 시키는 독서가 가장 나쁜 독서 지도법이란 걸 알고 있습니다. 시간도 고정해두었는데 읽는 태도, 읽는 내용 등을 지적하면 최악의 효과가 납니다. 책을 거들떠보지 않게 될지 모릅니다. 그래서 독서 시간은 최대한 자유롭고 편안한 시간이어야 합니다. 엄마와 함께라면 피하고 싶은 시간이 아닌 기다리는 시간이 될 확률이 높습니다.

큰아이 독서 시간은 제 독서 시간이기도 합니다. 엄마는 엄마의 책을, 아이는 아이의 책을 읽습니다. 아이도 학교 다니고, 엄마도 직장 생활하느라 바쁜데 아이와 이렇게 매일 한 시간씩 서로 살갗을 맞대고 있다니 소중한 시간입니다. 아이가 어릴 때 책을 숙제처럼 읽어준 것에 미안한 마음이 들어 아이와 함께하는 하루 단 한 시간만큼은 최선을 다하려고 노력합니다. 어떨 땐 아이에게 화난 마음이 함께 독서하며 풀리기도 합니다. 엄마가 읽는 책에 관심을 보이는 아이의 호기심이 기특합니다. 책을 읽으며 재잘재잘 떠들어 엄마 독서를 방해하지만 괜찮습니다. 졸려서 투정하면 제가 재능도 없는 동화구연을 다하고요. 아이는 잠이 확 달아나 까르르 웃습니다. 언제까지 이렇게 배 깔고 누워 책을 함께 읽을 수 있을까요?

아이와 함께하는 독서 시간엔 책에 관한 질문은 "재미있었어?"가 다입니다. 대답을 바라지도 않고요. 질문이 없을 때가 더 많습니다. 아이에게 책 내용을 읊어달라 요청하지 않아요. 아이는 엄마가 묻지 않아도 재미있는 부분이 있으면 웃긴 대사가 있다며 목소리를 변조해 낭독합니다. 흥분에 겨워 인상 깊었던 장면을 엄마에게 내보입니다. 저는 그저 공감해주고 웃어 줄 뿐입니다.

독서 시간을 바쁜 일과 중 아이와 교감하며 달달한 시간으로 만들어보세요. 독서학원에서는 절대 해줄 수 없습니다. 엄마만이 가능합니다. 단호하게 정해둔 시간 안에서 잔소리, 지적, 의심의 눈초리는 접어두세요. 아이를 믿어주세요. 엄마에게 잘 보이고 싶은 게 아이들 본능입니다. 아이들은 형식적으로 읽다가도 책의 의미를 차차 파악하게 됩니다. 재미있는 책도 발견하게 될 거고요. 인생 책을 만나 진로가 정해질 수도 있습니다. 자연스럽게 국어 능력은 따라옵니다.

따뜻한 엄마의 품 안에서 차곡차곡 쌓인 독서 습관은 초등 고학년이 되어서도, 무서운 사춘기가 올지라도 책을 읽게 해주는 힘이 될 것입니다. 조금이라도 매일 아이와 달콤한 독서 시간을 가지세요.

따라 하면 실력이 쑥쑥 느는 꿀팁
영어도 우리말처럼 익히기

영어도 국어처럼

영어 울렁증이 있으세요? 저는 외국인만 보면 꿀 먹은 벙어리가 됩니다. 중학교부터 대학 때까지 영어를 접하지 않은 날이 없었습니다. 아이러니하게 중·고등시절 영어 점수는 줄곧 1등급이었습니다. 수능점수도 상위권이었습니다. 그런데 길거리에서 외국인이 "Excuse me."라고 말하며 아는 체라도 하면 쭈뼛쭈뼛 뒷걸음질을 칩니다. 질문을 받으면 머릿속에서는 5형식 문장을 만들고 있고요. 입 밖으론 말이 잘 나오지 않습니다.

아이에게 엄마의 영어 울렁증을 물려 주고 싶지 않습니다. 학교 교육이 많이 변했지만, 영어 능력을 키우기 위한 학교 수업 시간은 턱없이 부족합니다. 가정에서의 시간 확보가 필요합니다. 원리는 단순합니다. 영어도 국어처럼 한다면 모국어처럼 사용할 수 있습니다. 영어도 국어 교육하듯 말하기만 중요한 게 아니라 듣기, 읽기,

쓰기가 병행되어야 합니다.

영어유치원에, 유명 어학원을 거치며 영어 실력을 쌓는 것도 나쁘지 않습니다. 하지만 제 경험을 비추어 고민했어요. 저는 학창 시절 6년 넘게 학교 외에 영어 어학원에서 공부했습니다. 열심히 다녔는데 영어 울렁증이 발현되는 걸 보면 학원은 최선이 아니라고 결론 내렸습니다. 비싼 학원비도 한몫했습니다. 모국어를 학원에서 배우지 않듯이 외국어도 모국어 습득하듯 하면 충분히 집에서도 가능하리라 판단했습니다.

핀란드 사람들은 핀란드어를 모국어로 쓰면서도 영어를 유창하게 합니다. 길거리에 와플을 파는 할머니를 붙잡고 영어로 물으면 블라블라 영어로 답해요. 남녀노소 누구나 영어를 잘하는 데는 이유가 있습니다. 핀란드의 황금 시간대엔 영어로 된 TV 프로그램이 더빙 없이 바로 송출됩니다. 핀란드어 자막을 넣거나 아예 넣지 않은 것도 많다고 해요. 핀란드 아이들은 어려서부터 영어로 만화와 드라마를 시청하면서 영어 발음과 언어구조를 자연스럽게 익히게 됩니다. 모국어를 습득하듯 영어를 익힙니다. 비슷한 환경만 만들어준다면 우리 아이라고 영어로 말하는 게 불가능할리 없습니다.

엄마표 영어라고 하지요. 영어를 모국어처럼 하나의 언어로 자리 잡게 만드는 데 목적이 있는 영어 교육 방식입니다. 가정에서 충분한 영어 듣기 환경을 제공하고 책 읽기를 통해 영어 감각을 기르는 거예요. 우리나라는 EFL English as a Foreign Language 환경입니다. 영어를 외국어로 학교 교육과정에서만 주로 접하는 환경이지요. 반면 핀란드는 ESL English as a Second Language 입니다. 제2의 언어로 일상생활에서 모국어처럼 사용됩니다.

태어나자마자 ESL 환경을 만들어주는 것도 좋지만 조금 늦어도 상관없습니다. 앞서 말한 언어 발달의 적기 안에서 모국어처럼 꾸준히 영어가 노출될 수 있는 환경을 만들어주면 됩니다. 다만 아이가 '엄마'라는 말을 할 때까지 오랜 시간이 걸렸듯 영어로 자연스러운 문장을 말하고 쓰기까지는 오랜 시간이 필요합니다.

고백하자면 저는 대학 졸업 후 호주로 1년 어학연수를 다녀왔습니다. 한국에 온 직후엔 영어 울렁증을 극복한 줄 알았습니다. 하지만 몇 년 지나니 다시 영어 울렁증이 재발했습니다. 이유는 꾸준한 영어 노출이 없었기 때문입니다. 요즘 아이가 보고 있는 영어 영상이며 책을 보며 다시 재활훈련을 하고 있습니다. 굳은 머리로 다시 하려니 쉽지 않네요. 제발 제 아이는 외국어가 아닌 제2의 언어로 영어를 체득하길 바랍니다.

영어 능력 위에 국어 능력

'영어 능력은 국어 능력을 뛰어넘지 못한다.'

엄마표 영어를 하는 엄마들 사이에 떠도는 정설입니다. 아니, 진리입니다. 제아무리 영어를 모국어처럼 할지언정 국어 능력을 능가할 수 없다는 말입니다.

영어유치원을 나온 아이들은 종종 학교 적응에 어려움을 호소합니다. 영어 교육에 너무 힘쓴 나머지 한글 교육이 뒤처져 학교 수업을 제대로 이해하지 못하는 것이지요. 한국인으로 사는 한 완벽한 이중언어 사용자Bllingual가 되더라도 아이의 첫 번째 언어는 한국어입니다. 어디까지나 영어는 제2의 언어입니다. 학교에서 한글로 된 교과서의 독해와 이해가 먼저입니다.

그래서 엄마표 영어를 하는 엄마들은 아이에게 영어를 노출시키는 만큼 한글 독서에 노력을 기울입니다. 한글 독서 시간을 영어 독서 시간만큼 확보하고 놓치지 않습니다. '한글이야 모국어인데 당연히 잘하겠지.'라고 생각하면 오산입니다. 독서로 다져진 사고와 지식이 영어로 표현되거든요.

영어도 언어입니다. 의사소통의 수단입니다. 해외여행에서 간단히 하는 영어 회화가 아이 영어 교육의 종착점은 아닐 거예요. 영어로 내가 가고 싶은 곳의 정보를 찾고, 영어로 여행지의 역사와 유래가 담긴 책을 읽고, 영어로 여행 계획을 세우고, 영어로 현지 사람과 뉴스를 얘기하고, 영어로 기행문을 작성하길 원합니다. 형식적인 말하기보다 중요한 건 언어 속에 들어있는 알맹이, 콘텐츠이기 때문입니다.

일전에 알리바바 창업자 마윈의 영어 연설을 유튜브에서 봤습니다. 마윈은 중국인으로서 우리와 마찬가지로 영어가 외국어이지요. 그의 영어는 완벽에 가깝지 않습니다. 댓글에는 칭글리시(중국식 영어)가 나온다는 글이 많았어요. 문법도 틀린 게 많고요. 하지만 하나같이 그의 영어는 청중이 귀를 기울이게 하는 힘이 있다고 했습니다. 유창하지 않지만, 마윈의 한마디 한마디가 마음에 새겨진다는 댓글이 많았습니다.

마윈에게 영어는 그저 도구일 뿐입니다. 청중이 듣는 건 문법, 발음 보다 그의 생각입니다. 친화력 있고 정확한 메시지가 전달될 수 있게 말하는 데 영어 실력은 두 번째 문제입니다. 중요한 건 그의 메시지이니까요. 공자의 《논어》와 노자의 《도덕경》을 즐겨 읽는 마윈의 독서 습관이 그가 전하려는 메시지와 무관하지 않을 겁니다.

내 아이 영어 교육의 목표를 생각해 보세요. '대입'이 목표라면 굳이 어릴 때부터 힘들게 ESL 환경을 만들어줄 필요가 없습니다. 확실한 이중언어 사용자로 영어를 도구로 사용하고자 하는 데 목표를 두었나요? 그러면 영어만큼 한글 독서에도 시간을 투자해야 합니다. 한글 독서로 다져진 지식과 사고력의 확장이 우선입니다. 발음은 조금 서툴러도 속이 꽉 차 있는 말에 듣는 사람은 마음을 엽니다. 자신만의 콘텐츠 위에 다져진 영어 공부는 미래에 확실한 자산이 되어 줄 것입니다.

따라 하면 실력이 쑥쑥 느는 꿀팁
영어책 읽기도 우리말처럼

영어를 언어로 습득하기 위해서는 우리말을 배울 때처럼 '읽기'가 필수입니다. 아이가 한 줄짜리 그림책에서 차근차근 줄글 책으로 넘어갔듯이 영어책을 읽습니다. 원리는 한글 독서와 같습니다. 평소 영어 듣기가 충분히 이뤄지지 않은 아이는 듣기가 우선이에요. 모국어를 배울 때도 듣기를 먼저하고 읽기는 나중이었던 걸 기억하세요. 듣기로 먼저 영어에 대한 거부감을 없애주세요. 대여섯 달 지난 후 읽기를 시도합니다.

용어 정리

영어 원서 읽기에 앞서 AR 지수, 리더스북, 파닉스 등 용어를 알아두면 이후 설명을 이해하는 데에 도움이 될 것입니다. 다음의 용어는 사전적 의미도 있지만 대부분 편의상 통용되는 용어이니 참고 바랍니다.

- 파닉스(Phonics): 영어 알파벳 문자가 어떻게 소리로 결합 되어 발음되는지 그 규칙을 배우는 학습법입니다.
- 사이트 워드(Sight Words): 보자마자 한눈에 읽어야 한다는 의미의 단어입니다. 예를 들어 the, of, for처럼 영어에 자주 등장하는 단어들을 말합니다.
- 리딩레벨(Reading Level): 책 읽기 난이도입니다.
- BL(Book Level): 북레벨로 읽습니다. 이해할 수 있는 책의 수준을 말합니다. 보통 AR 지수와 렉사일 지수를 많이 씁니다.
- AR 지수(Accelerated Reader Level): Accelerated Reader Level의 앞 글자를 따서 AR 지수라고 부릅니다. 미국의 교육회사인 Renaissance Learning에서 실제 미국 학생들의 읽기 수준을 점검하기 위해 사용되는 척도입니다. 레벨은 K(유치원생)부터 13까지 총 14단계를 나타냅니다. 1부터 13은 보통 미국 학생 의 학년 수준과 같습니다. 예를 들면 BL이 AR2.5이면 미국 2학년 5개월 정도 진행된 수준입니다.
- IL(Interesting Level): 아이들의 인지발달에 따라 흥미 있게 읽을 수 있는 나이를 의미합니다.
  - LG: Lower Grades (K~3) / MG: Middle Grades(4~8) / MG+: Upper Middle Grades(6 and up) / UG : Upper Grades(9~12)
- 렉사일지수(Lexile Level): 렉사일 지수는 미국 교육 연구 기관 Meramerrics사에서 개발한 독서 능력평가 지수입니다. AR과 마찬가지로 미국 학교에서 학생들의 읽기 능력을 측정하는 데 사용됩니다. 미국 학년으로 3학년의 경우 렉사일 300L~800L의 책을, 4학년의 경우 400L~900L 정도, 5학년은 500L~1,000L의 책을 권장하고 있습니다.
- 리더스북(Readers Book): 읽기 연습을 목적으로 어휘, 문장의 난이도를 고려해 만든 책입니다.
- 챕터북(Chapter Book): 하나의 책 안에 1화, 2화 등 짧은 에피소드가 묶인 동화책입니다.
- 칼데콧 상(Caldecott Award): 미국 어린이도서관협회(ALSC)에서 주관하는 그림책 상입니다.
- 뉴베리 상(Newbery Medal): 미국에서 해마다 가장 뛰어난 아동 도서를 쓴 사람에게 주는 상으로 아동 도서 계의 노벨상이라 불립니다.
- 집중듣기(청독): 오디오를 들으며 책을 눈으로 따라 읽는 독서법입니다.
- 흘려듣기: 영어 오디오 듣기입니다. 영상을 보며 오디오를 듣는 것도 흘려듣기입니다.
- 묵독: 눈으로 읽는 독서법입니다.

낯선 용어이겠지만 영어 원서를 읽히려면 꼭 알아두어야 할 내용입니다. 영어책 읽기의 큰 그림을 그리면서 실천하다 보면 익숙해질 거예요. 한글책과 마찬가지로 차근차근 독서를 시작해봅시다.

아이 수준과 흥미에 맞게 북레벨 높이기

영어 원서 읽기는 우리 책과 달리 북레벨^{BL}이 존재하기 때문에 어렵지 않게 아이 수준에 맞는 책을 고를 수 있습니다. 초6까지 큰 흐름은 학년에 따라 북레벨이 미국 초등학생의 독서 수준과 같도록 하는 것을 목표에 두세요. 한글책 독서 실력이 단단한 아이라면 영어도 충분히 도달할 수 있습니다.

· 초등 영어 독서 습관의 큰 그림 ·

		1~2학년	3~4학년	5~6학년
독서 시간	청독	20분~40분	40분	40분
	묵독	20분~40분	40분	40분
BL 독서 수준	AR	AR1.0 ~ AR2.5	AR2.6 ~ AR4.5	AR3.4 ~ AR6.5
	렉사일	~500L	330L ~ 800L	750L ~ 1050L
	IL	LG	LG	MG
책 종류		그림책, 리더스북	챕터북	뉴베리 수상작, 고전 소설
독서 목표		파닉스 완성, 읽기 독립	원서 읽기의 재미 알기	꾸준히 읽기
독서 원칙		아이가 좋아하는 책 읽기		

우선 파닉스 떼기를 추천합니다. 원래 파닉스의 끝은 없다지만 알파벳의 음가를 어느 정도 알게 되면 사이트 워드도 자연스럽게 터득합니다. 이후 글을 읽을 수 있어요. 시중에는 파닉스만을 위해 만들어진 휴대전화 앱이 다양하게 나와 있어요. 아이의 흥미를 끌고 재미있으면 됩니다. 또한 유튜브에는 파닉스를 위한 영상이 풍부하게 있습니다. 간단한 검색만으로도 파닉스를 배울 수 있으니 시도해보세요.

파닉스를 배울 때 책을 함께 보면 더욱더 효과적입니다. 한 줄짜리 그림책부터 시작하세요. 엄마가 읽어줘도 되고 읽어주기 어렵다면 오디오를 사용하세요. 그것도 여의치 않다면 본격적인 책을 읽기 전 온라인 영어도서관을 추천합니다. 제 아이도 처음 영어를 시작할 때 짧은 그림책을 다양하게 제공하기가 어려웠습니다. 제가 잘 모르기도 했고요. 그래서 온라인 영어도서관인 리틀팍스(www.littlefox.co.kr)를 1년 넘게 사용했습니다. 수준별로 나와 있는 영상과 전자책으로 제 수고가 줄었습니다. 아이도 콘텐츠를 매우 재미있어해서 리더스북으로 쉽게 갈 수 있었습니다.

영어 원서를 어떻게 골라야 할지 감이 안 오시죠? 저는 영어 원서 전문 인터넷서점을 이용해 책 정보를 얻습니다. 대표적인 인터넷서점은 웬디북(www.wendybook.com)과 동방북스(www.tongbangbooks.com)입니다. 수준별로 책 구경이 가능하고 상세한 책 소개, 판매량, 상품평을 볼 수 있는 장점이 있어요. 아이의 취향과 수준에 맞춰 책 정보를 살펴보세요.

그림책에서 소설에 이르기까지 엄마가 욕심내지 않고 꾸준히만 한다면 한글 독서 실력만큼 영어책 난도도 따라갑니다. 한글책과 마찬가지로 책에 대한 재미가 최우선시되어야 해요. 영어 원서를 읽으며 해석할 필요는 없습니다. 반복해서 읽지 않아도 됩니다. 설렁설렁 읽는 것 같아도 아이를 믿어주세요. 아이가 관심을 가질만한 책만 계속해서 찾아주세요.

큰아이는 한글책에선 아직이지만, 영어 원서로 인생 책을 만났습니다. 영국의 동화책 《Tom Gates》입니다. 아이는 질리지도 않는지 열 번도 넘게 읽었습니다. 초등학생 톰이 밴드를 결성하는 학교생활

큰아이가 수십 번 본
인생 책 《Tom Gates》와
자발적 독후 활동

이야기인데요. 책을 읽고 큰아이도 밴드를 하겠다며 기타를 배우고 싶다고 했어요. 그 책에 나오는 영국문화를 탐독하고 팝 음악에도 관심을 보였습니다. 반년 동안 《Tom Gates》 시리즈만 읽었습니다. 2년이 지난 지금 아이의 취미는 기타연주입니다. 가장 가고 싶은 나라는 영국이에요. 곧 나올 《Tom Gates》 영화를 기대하고 있습니다. 너덜너덜해진 책은 책장의 가장 눈에 띄는 자리에 꽂혀 있습니다.

아이가 반복 독서를 안 할 때는 '제발 반복 독서 좀 했으면' 했는데, 지겹도록 한 권만 읽으니 '제발 다른 책 좀 읽었으면' 하는 마음이 들더군요. 하지만 아무 말 하지 않았습니다. 그저 비슷한 분위기의 다음에 읽을 책을 부지런히 찾아서 보여줬어요.

세상에 재미있는 책이 참 많습니다. 한글책이든 영어책이든 책은 아이의 인생을 바꾸기에 충분합니다. 아이는 영어 원서를 통해 영어 실력만 느는 게 아닙니다. 영어권 나라의 문화까지 배웁니다. 큰아이는 영국의 동화책 《Tom Gates》를 통해 비틀즈, 피시 앤 칩스, 엘리자베스 여왕 등의 영국문화를 영국에 가보지 않고도 즐겁게 경험했습니다.

아이가 재미있어서 보고 또 보고 싶은 책을 찾아주세요. 북레벨은 서서히 올려도 좋습니다. 꾸준히만 한다면 애쓰지 않아도 자연스럽게 오르는 아이의 북레벨을 만날 수 있습니다.

효과적인 영어책 읽기 방법

인생 책《Tom Gates》의 처음 읽기 방법은 집중 듣기(청독)였습니다. 아이는 책을 보며 오디오를 동시에 들었습니다. 《Tom Gates》의 책을 읽어준 사람은 바로 영화 〈해리 포터〉에서 '론 위즐리' 역을 맡은 배우 루퍼트 그린트였습니다. 제가 들어도 정말 재미있었습니다. 그림이 꽤 많은 책이기도 했거니와 배우가 읽어주는 책은 마치 한 편의 영화를 보는 것 같았어요. 중간에 록밴드가 공연한다며 노래를 부를 때는 저도 모르게 흥얼거리게 되었습니다. 아이는 오죽할까요.

집중 듣기는 아이가 책을 펼치는 데 두려움을 없애 줍니다. 어려운 책도 시도하는 힘을 줍니다. 한글도 모르는 아이들이 엄마가 읽어주는 책을 유심히 듣고 이해하는 것과 같습니다. 집중 듣기의 또 하나의 장점은 문장의 정확한 발음을 알 수 있다는 거예요. 눈으로만 읽으면 발음을 짐작할 수 없는데, 오디오북은 원어민이 친절하게 본토 발음으로 읽어주니 듣기실력에도 확실한 도움이 됩니다.

영어 원서 읽기가 처음이라면 묵독할 수 없습니다. 파닉스를 떼고 난 후 집중 듣기를 해주세요. 아이가 이해할 수 있는 책부터 집중 듣기 합니다. 앞서 표에 적힌 시간대로 천천히 늘려주세요. 꼭 성우의 음성이 아니어도 좋습니다. 엄마가 읽어줘도 괜찮아요. 집중 듣기를 할 때는 아이가 익숙해질 때까진 엄마가 같이 있어 주세요. 아이가 엄마와 함께 읽는다고 생각하면 낯선 책도 용기 있게 읽습니다.

집중 듣기가 20~30분까지 가능할 때쯤 묵독을 시도하세요. 집중 듣기보다 훨씬 쉬운 레벨로 합니다. AR2 정도 집중 듣기를 할 수 있다면 AR1의 책을 묵독할 수 있을 거예요. 아이마다 다르지만, 묵독은 천천히 시도하는 것이 좋습니다. 무리하게 할 필요 없습니다. 이 또한 영어에서 읽기 독립이니까요. 아이의 수준과 시기를 살펴 시도해보세요. 그리고 조금씩 시간을 늘려 묵독과 집중 듣기의 시간을 같도록 조절합니다.

한글 독서와 마찬가지로 영어도 읽기 독립이 되어 어느 정도 궤도에 오르면 엄마는 아이가 재미있어할 만한 책을 제공하기만 하면 됩니다. 관성으로 집중 듣기를 하고 관성으로 묵독을 하거든요. 습관이 들기까지는 단어 외우기, 끊어 읽기, 해석은 하지 않습니다. 학교에서 필요하다면 그때 가서 해도 늦지 않습니다. 비문학을 읽지 않아서 불안하다면 4~5학년쯤 영어로 된 독해 문제집을 추가하세요. 중학교에 가서 필요한 문법 공부는 6학년 때 해도 충분합니다.

영어책 읽기의 목적은 한글책 읽기와 마찬가지로 유추 능력, 문해력, 독해력, 어휘력, 사고력에 있다는 걸 잊지 마세요. 우리가 영어를 보며 머릿속에서 주어, 동사 따져가며 한글로 해석하며 출력하던 방식과 다릅니다. 그냥 영어를 하나의 언어로 읽으며 영어에 대한 언어 감각이 길러집니다. 모국어처럼요.

Part 3

일상이 되는
토론

01

토론의 바탕은
대화

가정에서 시작하는 듣기·말하기

시대의 요구에 따라 우리나라의 주입식 교육도 점점 변하고 있습니다. 교육의 주체는 선생님에서 학생으로 바뀌는 중입니다. 예전에는 판서하던 강의식 교수 방법이 대부분이었다면 지금은 다양한 방법으로 학생 위주 수업이 진행됩니다. 특히 초등학교는 활동 중심 수업이 눈에 띕니다. 교과서만 보더라도 '친구와 의견을 나누어 봅시다.', '발표해 봅시다.'라며 자기 생각을 말로 표현하는 활동이 다수를 차지합니다. 고등학교까지 교실에서는 발표, 토론, 토의 활동이 빈번히 이루어집니다.

그래서 토론에 관한 관심이 높아진 게 사실입니다. 교실에서 내 아이가 의견을 똑 부러지게 말했으면 좋겠지요. 논리적인 근거를 들어 상대방을 설득하면 좋겠습니다. 스피치 학원, 토론학원이 성행하는 이유이기도 합니다. 중학교부터는 수행평가에서 점수로 직결되니 고학년에는 토론학원을 보내야 하지 않을까 불안한 마음이 듭니다.

십 년 넘게 교실에서 수업하며 내린 결론을 말씀드립니다. 토론 활동에서 〈100분 토론〉의 토론자들보다 똘똘하게 말하는 아이들은 듣기, 말하기에 자신감이 있습니다. 머릿속으로 해야 할 말을 계산하거나 용기를 낼 필요가 없습니다. 당당하고 자연스러워서 목소리 크기, 제스처, 목소리 톤, 말하는 내용에서 신뢰가 묻어납니다. 모든 게 몸에서 저절로 나오는 행동입니다.

우리는 경험이 많은 분야에서는 자신감이 있게 행동할 수 있지요. 익숙한 것에 거리낌이 없습니다. 처음 서툴게 하던 달걀 프라이는 십 년 차 주부에게는 식은 죽 먹기입니다. 집에서 하던 달걀 프라이를 캠핑장에서 하든, 친구 집에서 하든 똑같이 해냅니다. 아이의 토론 실력도 그렇습니다. 많이 듣고 말해봐야 애쓰지 않아도 자연스럽게 토론할 수 있습니다.

결론은 확실합니다. 집에서부터 듣기, 말하기가 자유로운 토론문화를 만드세요. 그러기 위해서는 우선 아이를 하나의 인격체로 존중하고 들어주는 부모가 되어야 합니다. '어린 것이 뭘 알아?' 식으로 아이의 입을 막는다면 아이는 학교에서도 입을 열지 않습니다. 부모부터 아이의 말에 귀를 기울여야 해요. 서로를 존중하고 누구 하나 주눅 듦 없이 대화가 오가는 가정에서 말 잘하는 아이가 나옵니다.

"성격이 내성적이라서 아이가 말을 도통 안 해요."라고 말할 수도 있겠네요. 내성적인 아이들이 토론을 주도하는 리더 역할을 하기란 힘들겠죠. 하지만 가정에서 말하기에 자신감이 충만했던 아이는 필요한 순간에는 자기 목소리를 거침없이 냅니다. 타당하지 않은 내용에 적극적으로 말을 하고 설득합니다. 걱정하지 마세요. 성격이 아니라 아이 마음의 문제입니다. 아이의 말에 집중하며 자신감을 심어주세요.

토론 능력 이상의 가족 대화의 효과

'집에서 무슨 난상토론이라도 벌어야 할까?'라는 생각이 들 겁니다. 토론을 해본 적도 없고, 별 할 말도 없을 것 같거든요. 무슨 주제를 두고 말을 해야 할지도 모르겠습니다.

처음부터 거창한 가족 토론을 하자는 게 아닙니다. 처음엔 일상에서 오가는 대화에 집중하세요. 아이가 단답형으로만 대답하지 않고 자기 의견을 말할 수 있는 대화면 충분합니다. 개방적인 질문을 많이 하세요. 점점 대화의 주제를 다양하게 넓히면, 그것이 곧 토론이 됩니다.

큰아이에게 "세상에서 가장 사랑하는 사람은 누구야?"라고 물은 적이 있어요. 큰아이는 "엄마예요."라고 말했습니다. 저는 아이가 가장 사랑하는 사람은 엄마도, 아빠도 아니었으면 했습니다. 누구보다 자기 자신을 사랑하라고 얘기했습니다. 큰아이는 "저는 엄마가 좋은데요. 왜 자신을 가장 사랑해야 해요?"라고 물었습니다. "자신을 사랑해야만 다른 사람도 사랑할 수 있어. 자신을 소중히 여겨야 모든 생물의 소중함을 알지. 엄마도 엄마를 제일 사랑해."라고 답했습니다. 저는 아이의 눈을 맞추고 진심으로 말했어요. 아이는 아리송한 표정을 지었지만, 누구보다 자신을 사랑해야 하는 이유를 어렴풋이라도 발견했을 겁니다. 수학 문제 풀 듯 정답이 없는 대화여도 괜찮아요. 아이의 생각을 깨우는 대화면 충분합니다.

소수 민족이지만 세계를 이끄는 유대인에서 가족 토론문화의 힌트를 얻을 수 있습니다. 유대인 아이들은 어릴 때부터 질문과 토론이 자연스럽습니다. 유대인 부모는 작은 일에도 아이의 생각을 묻고, 질문을 끊임없이 합니다. 아이들은 '너는 어떻게 생각하니?', '왜 그렇게 생각하니?'를 늘 듣고 자라지요. 부모가 습관처럼 질문하는 것만큼 아이에게 질문의 가치도 알려줍니다. 우리가 '오늘도 학교에서 선생님 말씀 잘 들었니?'라고 말할 때, 유대인 부모는 '오늘은 학교에서 무슨 질문을 했니?'라고 말합니다.

유대인 부모는 스스로 평생 자녀와 함께 공부하는 동반자이자 친구라고 여깁니다. 아이와의 대화 속에 상하관계가 존재하지 않아요. 아이가 부모의 질문에 엉뚱한 대답을 해도 포용하고 들어줍니다. 꼬리에 꼬리를 물어 다양한 질문을 하고 아이의 상상력, 창의력, 사고력을 자극합니다. 끊임없이 묻고 답하며 스스로 사고를 확장해 나갑니다.

EBS 부모 〈유대인의 자녀교육〉 편에서 조승연 작가가 유대인 친구의 사례를 말한 부분은 인상적이었습니다.

"하버드대학교 입학 논술 문제가 아버지랑 내가 식탁에서 토론했던 내용보다 쉬웠어."

유대인 가정에서 대화는 물 흐르듯 토론으로 이어집니다. 가족 식사 시간은 둘도 없는 소중한 토론의 장이지요. 유대인 교육의 중심엔 종교와 더불어 '하브루타'가 있습니다. 하브루타는 짝지어 대화하고 토론하고 논쟁하는 유대인의 전통 교육방식이에요. 가정에서 서로 질문하고 토론하는 문화가 학교, 회당에 이어지며 토론이 일상이 됩니다. 토론이 생활이니 대화의 주제는 대학 입시의 논술 문제보다 넓고 깊어집니다.

헤럴드경제(2021.7.15.)에 따르면 우리나라 초등생을 둔 학부모의 10명 중 3명은 하루 30분도 자녀와 대화를 못 한다고 합니다. 아이 학원 시간에 쫓겨 대화할 시간이 부족한 게 현실입니다. 남는 시간에는 스마트폰과 게임에 빠져 있는 아이와 눈을 마주치고 말할 시간이 없습니다.

　초등 시기는 가치관이 확립되는 중요한 시기입니다. 공부의 바탕과 생활 습관이 형성되기에 어느 시기보다 부모와의 대화가 절실해요. 아이의 생각을 묻는 대화가 필요합니다. 대화가 정착되고 습관이 되면 공부의 바탕이 됩니다. 대화와 토론을 통해 사고력, 논리력, 문제해결력, 창의력, 의사소통 능력, 표현력, 어휘력, 협업 능력도 자라기 때문이에요.

　유대인 가정 교육의 본질은 '배우는 즐거움'에 있습니다. 아이가 질문과 토론으로 지적 호기심을 해결하고 앎의 가치를 깨닫게 되지요. 유대인 부모는 항상 말합니다. '베스트'가 아니라 '유니크'가 되라고요. 세계를 뒤흔든 마크 저커버그, 스티븐 스필버그, 스티브 잡스의 과감한 도전 정신은 그냥 나온 게 아닐 겁니다. 적극적으로 생각만 하면 미래를 그릴 수 있다고 믿어온 가치관 덕분입니다. 아이의 생각을 여는 대화를 통해 토론 능력을 넘어 아이의 차별화된 가치관을 만들어주세요.

02

초등 토론 습관의
큰 그림

토론의 목표 정하기

듣기와 말하기는 토론의 바탕이 됩니다. 토론은 사전에서 '어떤 문제에 대하여 여러 사람이 각각 의견을 말하며 논의하는 것'이라고 정의되어 있습니다. 초등학교 교육 과정상 진정한 토론이 가능한 시기는 5학년 때 즈음입니다.

그전엔 비판적 사고력이 미숙하기에 명확한 근거를 들어 말하기 어렵습니다. 따라서 아이 발달에 맞게 듣기·말하기 능력을 키우며 초5~6학년에 가서야 본격적인 토론을 진행한다고 생각해야 합니다. 교육과정에 나타난 듣기·말하기 영역을 살펴보면 감이 올 거예요.

• 2015 개정 교육과정 국어과 중 '듣기·말하기' 영역 •

핵심 개념	일반화된 지식	학년(군)별 내용 요소					기능
		초등학교			중학교	고등학교	
		1~2학년	3~4학년	5~6학년	1~3학년	1학년	
▶ 듣기·말하기의 본질	듣기·말하기는 화자와 청자가 구어로 상호교섭하며 의미를 공유하는 과정이다.			·구어 의사소통	·의미 공유 과정	·사회·문화성	·맥락 이해·활용하기 ·청자 분석하기 ·내용 생성하기 ·내용 조직하기 ·자료·매체 활용하기 ·표현·전달하기 ·내용 확인하기 ·추론하기 ·평가·감상하기 ·경청·공감하기 ·상호 교섭하기 ·점검·조정하기
▶ 목적에 따른 담화의 유형 ·정보 전달 ·설득 ·친교·정서 표현 ▶ 듣기·말하기와 매체	의사소통의 목적, 상황, 매체 등에 따라 다양한 담화 유형이 있으며, 유형에 따라 듣기와 말하기의 방법이 다르다.	·인사말 ·대화[감정표현]	·대화[즐거움] ·회의	·토의[의견조정] ·토론[절차와 규칙, 근거] ·발표[매체활용]	·대화[공감과 반응] ·면담 ·토의[문제 해결] ·토론[논리적 반박] ·발표[내용 구성] ·매체 자료의 효과	·대화[언어예절] ·토론[논증 구성] ·협상	
▶ 듣기·말하기의 구성요소 ·화자·청자·맥락 ▶ 듣기·말하기의 과정 ▶듣기·말하기의 전략 ·표현 전략 ·상위 인지 전략	화자와 청자는 의사소통의 목적과 상황, 매체에 따라 적절한 전략과 방법을 사용하여 듣기·말하기 과정에서의 문제를 해결하며 소통한다.	·일의 순서 ·자신 있게 말하기 ·집중하며 듣기	·인과 관계 ·표정, 몸짓, 말투 ·요약하며 듣기	·체계적 내용 구성 ·추론하며 듣기	·청중 고려 ·말하기 불안에의 대처 ·설득 전략 분석 ·비판하며 듣기	·의사소통 과정의 점검과 조정	
▶ 듣기·말하기의 태도 ·듣기·말하기의 윤리 ·공감적 소통의 생활화	듣기·말하기의 가치를 인식하고 공감·협력하며 소통할 때 듣기·말하기를 효과적으로 수행할 수 있다.	·바르고 고운 말 사용	·예의를 지켜 듣고 말하기	·공감하며 듣기	·배려하며 말하기	·담화 관습의 성찰	

출처 : 교육부 고시 제2015-74호[별책 5] 국어과 교육과정

외마디에서 시작한 아이가 문장을 만들어 얘기하는 데도 한참이 걸렸습니다. 거기서 토론까지 이어지려면 생각이 자라야 합니다. 하고 싶은 말에 대한 지식이 쌓이고 논리가 명확할 때 비로소 상대방을 설득할 수 있습니다. 초1부터 유려하게 자기 생각에 논리적 근거를 들어 말할 수 있는 아이는 없습니다. 여유를 가져야 합니다. 아이가 일상 대화, 친구들 간의 회의, 절차를 이해하고 전략적으로

하는 토론하는 여러 과정을 거치며 말하기 실력도 늘 것입니다.

각 학년에 맞추어 목표를 두고 대화를 이어가세요. 무엇보다 자신감 있게 말하는 데 초점을 두어야 합니다. 제가 세운 토론 습관의 큰 그림을 참고해주세요.

• 초등 토론 습관의 큰 그림 •

	1~2학년	3~4학년	5~6학년
대화 시간	주중 10분 이상, 주말 1시간 이상의 양질의 대화 시간		
대화 수준	일상 대화	회의, 찬반 의견 나누기	근거를 들어 주장하기
대화 종류	학교 생활, 뉴스, 사회문제, 찬반 주제		
토론 목표	자신 있게 말하기	인과 관계 말하기	토의, 토론하기
	집중하며 듣기	다양한 주제 듣기	추론하며 듣기
토론 원칙	아이의 말에 경청한다. 아이에게 수시로 열린 질문을 한다. 아이의 생각을 존중한다. 식사 시간을 적극 활용한다.		

문필가 올리버 웬델 홈스는 "말하는 것은 지식의 영역이고, 듣는 것은 지혜의 영역이다."라고 말했습니다. 아이의 말재주를 높여주는 것과 동시에 가장 요구되는 건 경청입니다. 아이가 학교에서 토론할 때 젠틀한 태도로 친구의 말을 들어주는 것만큼 강력한 토론 전략은 없을 거예요. 상대방의 말을 잘 들어야 논점에서 벗어나지 않습니다. 일상 속 원활한 의사소통을 위해서도, 인간관계를 위해서도 꼭 필요합니다. 경청은 말하기에서 중요한 영역이기에 뒤에서

더 자세히 설명하겠습니다.

제 대화의 최우선 원칙은 경청입니다. 아이에게 경청의 지혜를 알게 하고 싶어요. 집에서 대단한 토론을 해야 한다는 것이 아닙니다. 경청하는 태도 아래 다양한 주제로 꾸준히 대화한다면, 아이의 토론 실력은 저절로 키워집니다. 엄마 먼저 아이의 말에 귀 기울여 주세요.

03

말하고 싶은
환경 만들기

정서적 안정을 느끼도록

중2 현진이를 담임했을 때입니다. 현진이는 조용한 성격의 여자아이였어요. 공부는 잘하는 편은 아니었고, 친구는 두루 사귀는 것보다 한두 명 마음 맞는 친구를 깊이 사귀는 편이었어요. 발표나 토론 시간엔 작은 목소리로 짧은 대답만 했습니다. 모둠 활동 시 자기 의견을 정확하게 말해야 할 경우에도 뒤에 서서 다수의 의견에 따르겠다는 식의 태도를 보였습니다. 공부에 무기력한 모습을 보였지만 유독 단짝에게는 더없이 애정을 보였지요.

학교에서 단체로 하는 다요인 인성검사에서 현진이는 '가출 고위

험군'의 결과를 받았습니다. 검사 결과 자기 결정성이 매우 낮았습니다. 불안 강도가 높고 우울감도 심했어요. 당장 상담이 필요했습니다. 현진이는 자신이 왜 살아야 하는지 모르겠다고 고백했습니다. 제보기엔 귀엽기만한 얼굴인데, 현진이는 거울은 쳐다보기도 싫고 하고 싶은 것도 없다고 말했습니다. 저는 부모님과 얘기는 자주 하는지 물었어요. 현진이는 "엄마, 아빠는 오빠 얘기만 들어요. 저는 없는 자식이에요."라고 대답했어요. 어차피 집에서 말도 안 하는데 자기가 사라져도 부모님은 상관도 안 할 거라고 말했습니다. 아이의 검사 결과가 이해되었습니다. 안타까웠어요. 부모님과 어렵게 상담해보았지만, 아이에 대한 애정이 느껴지지 않는 답변만 돌아올 뿐이었습니다.

가족 간 사랑이 넘쳐나는 집은 대화도 넘쳐납니다. 아이가 방문을 닫아 버리는 사춘기도 무난히 지나가지요. 정서적 안정이 없는 가정의 아이들은 부모님께 말 한마디조차 꺼내기 힘이 듭니다. 관심을 가지고 들어줄 사람이 없으니까요. 현진이가 그랬던 것처럼이요. 현진이가 가정에서 부모님의 사랑을 듬뿍 받았다면 마음도 말도 예쁘게 성장했으리라 생각합니다.

말하고 싶은 환경을 만들기 위한 열쇠는 정서적으로 안정이 느껴지는 가정입니다. 아이들은 학교에서 집으로 돌아와 어떤 거리낌도 없이 나의 이야기를 말 할 수 있어야 해요. 눈치 보지 않고 생각과 느낌을 말하는 환경 말이에요. 안정되고 믿음직한 가정이 필요합니다. 그래야 말도 잘하고 공부도 잘할 수 있어요.

가족 간 서로 존중하는 마음에서부터 시작합니다. 부부간 존중하며 말하는 건 아이에게 어른으로서의 신뢰 관계를 보여줍니다. 서로 배려하며 대화하는 모습에서 아이는 가정의 든든함을 느낍니다. 아이에 대한 존중도 필수입니다. 아이의 감정과 욕구를 존중해주어야 합니다. 아이의 작은 의견도 귀중하게 생각하는 마음을 가져야 해요. 아이가 입 밖으로 자기 생각을 말할 때 주저함이 없도록 말이에요.

다만 아이의 마음을 존중한다고 아이 위주의 가족 문화는 위험할 수 있습니다. 모든 생활이 아이 위주로 돌아간다면 아이에게는 부담으로 다가옵니다. 특히 아이의 학업에 대한 과도한 관심은 집착으로 변질이 되어 아이에게 정서적 안정이 아닌 불안을 안겨 줄 수 있습니다. 가족 간의 평등한 관심과 사랑을 나누며 신뢰가 바탕이 되어야 합니다. 훈육이 필요할 때는 단호한 모습도 보여야 합니다. 부모는 아이에게 든든한 버팀목의 역할이 되어 존경받을 수 있는 위치여야 합니다.

결국 가족 구성원 모두가 각자의 위치에서 안정을 느끼는 가정이 되어야 합니다. 그러면 누구도 소외되지 않고 자연스럽게 대화가 흘러나올 수 있습니다.

양질의 대화 시간

대화를 풍성하게 하려면 가족이 같이 보는 시간이 많아야 합니다. 얼굴을 봐야지 대화가 이루어지니까요. 당연합니다. 하지만 아빠는 새벽에 나가 저녁 9시가 다 되어서야 들어옵니다. 오자마자 피곤하다며 소파에 눕기 일쑤입니다. 맞벌이 부부의 엄마도 그렇지요. 저녁 6시쯤 퇴근하여 아이들 저녁 차려주고 집 정리하기 바쁩니다. 대화할 시간이 영 없습니다. 네, 저의 이야기입니다.

눈코 뜰 새 없이 바쁘시죠? 가족 대화가 중요한 거 알지요. 유대감도 쌓고 아이 정서에도 강력한 영향을 미치니 누구보다 필요하단 걸 잘 압니다. 많은 시간을 갖고 싶지만, 물리적인 시간이 나질 않습니다. 하숙생 같은 아빠는 집에 와서 잠만 자고 출근하고, 피곤한 엄마는 아이와 있는 동안에 아이에게 고운 소리가 잘 나오지 않으니까요.

아이들은 늘 부모님의 사랑이 고픕니다. 사랑을 확인받고 싶고 자랑하고 싶어요. 말로 표현해야 사랑을 알 수 있다고 하지요. 아이들은 부모님과의 대화 속에서 사랑을 느끼고 마음이 편안해집니다. 어디 나가서 당당하게 말할 자신감이 생깁니다.

시간이 부족하지만, 아이와 함께하는 시간엔 아이의 눈을 바라보고 얘기하세요. 아이와 같은 공간에 있는 시간이 중요한 게 아닙니다. 양보다 '질'입니다. 짧은 시간이라도 아이와 눈을 마주쳤는지,

어떤 대화를 나누었는지가 중요합니다. 아이의 손을 잡으며 오늘 기분은 어떤지 물어보세요. 학교에서는 친구와 무슨 놀이를 했는지 질문하세요. '수학 문제집 풀었어?'가 아니라 아이의 사소한 일상에 관심을 갖고 물어보세요.

사춘기를 지나며 부모와 원만하게 지내는 아이들에게는 공통점이 있습니다. 이 아이들은 어릴 때부터 부모님과 꾸준히 소통했어요. 대화가 끊이질 않았습니다. 관심이 있는 만큼 말로 표현했지요. 사춘기에 접어들며 대화가 줄어들어도 걱정하지 않습니다. 이미 가족 간 믿음이 두텁거든요.

이런 아이들은 학업성적이 낮아도 어디 가서 미움받는 말을 하지 않습니다. 상대를 배려하는 말하기를 부모로부터 본능적으로 습득했습니다. 토론에서 똘똘하게 말하는 거야 지식의 차이겠지요. 이 아이들이 최상위권 대학은 못 갈지언정 사회생활에선 성공하리라는 걸 우리는 알고 있습니다.

맞벌이 부부라 저 또한 주중에는 아이와 대화 시간이 많지 않습니다. 그래서 루틴처럼 지키는 대화 시간이 있습니다. 잠자리 대화입니다. 아이와 한 침대에 누워 잠들기 전에 이런저런 얘기를 나눕니다. 엄마 음식을 맛있게 먹어줘서 고맙다는 말, 오늘 감사한 일은 무엇이었는지, 생일 선물은 뭘 받고 싶은지 등 다양한 주제로 대화합니다. 길지 않은 시간이지만 매일 매일의 대화가 쌓여 아이에게 삶의 지혜를 배우는 자양분이 될 거라고 믿습니다.

시간이 없다고 핑계 대지 말고, 아이가 말을 할 수 있는 기회를 만들어주세요. 아이가 자랑하고 싶은 게 있으면 마음껏 말할 수 있도록 눈을 마주치세요. 함께 있는 동안이라도 아이의 마음을 이해해주고 따뜻한 말이 오가면 됩니다. 하루 10분이라도 좋으니 말로 표현하세요.

04

듣기 능력
키우기

경청하는 습관 만들기

초·중·고를 아우르며 공부 잘하는 아이들의 가장 큰 특징은 '경청'하는 습관입니다. 공부를 잘하기 위한 기본은 경청이지요. 수업 내용을 잘 들어야 진짜 자기 공부를 시작할 수 있습니다. 각종 수행 평가, 지필평가 안내를 꼼꼼히 듣는 것도 중요합니다. 제대로 들어야 평가 준비를 할 수 있으니까요. 평가를 치르며 유의 사항을 잘 듣고 완벽하게 알고 있어야 해요.

경청하는 습관은 토론 상황에서도 빛을 발합니다. 상대의 말을 놓치지 않고 듣는 아이가 논점을 정확하게 파악할 수 있어요. 자기 말하는 데 급급한 나머지 남의 얘기를 듣지 않는다면 훌륭한 토론을 기대하기란 어렵습니다. 나아가 남의 말을 잘 듣는다는 건 아이의 사회성에도 영향을 주지요. 경청은 존중한다는 의미입니다. 학교생활의 처음과 끝은 경청의 습관이 바탕이 되어있어야 합니다. 사회생활도 마찬가지이지만요.

유아기 아이들은 자기중심적 사고가 강합니다. 아이들은 다른 사람은 안중에도 없고 자기 관심사에 대해 떠듭니다. 엄마와 오빠가 대화할 때면 어린 동생이 말을 자르며 자기 얘기를 늘어놓지요. 초등 저학년까지만 해도 그렇습니다. 초등 저학년 교실에서는 수업 시간에 친구들의 말은 듣지 않고 자기 말을 큰 소리를 내어 발표하는 경우가 다반사니까요. 아직 인지발달이 덜 되기도 하겠지만, 아이들은 사회생활을 거치며 공감 능력을 차츰 배우게 됩니다.

무엇보다 아이들은 가정에서 듣는 태도를 몸소 배웁니다. 부모의 경청 태도는 아이의 경청 태도가 됩니다. 아이의 말을 자르지 않고 듣는 태도부터 보여주세요. 아이가 이야기를 시작하면 아이의 눈을 보고 섬세하게 듣습니다. 듣기로 끝내지 말고 아이의 말에 공감하며 표정, 몸짓, 말로 호응합니다. 아이는 자신이 하는 말에 돌아오는 엄마의 다양한 피드백을 관찰하게 됩니다. 듣는 태도, 말투, 몸짓까지 말이에요.

더불어 아이의 경청 태도를 지도해주세요. 엄마와 아빠가 대화하는데 불쑥 아이가 말을 하며 대화를 끊기도 합니다. 아무리 급한 말이라도 대화하는 사람들의 흐름을 방해하는 행동은 좋지 않다는 걸 알려 줘야 합니다. 부모님의 대화가 끝난 후 말을 하도록 합니다. 내가 하고 싶은 말이 중요한 만큼 남의 말을 듣는 것도 귀하다는 걸 알려주세요.

가끔 제가 아이에게 말을 하는데 제대로 듣지 않을 때 화가 납니다. '나 누구한테 얘기하니?'라는 생각이 들어요. 돌아 보면 아이의 눈을 마주치지 않고 설거지하거나, 아이가 신나게 놀고 있을 때 얘기하면 꼭 그렇더라고요. 아이와 대화할 때는 눈을 보고 대화하세요. 그래야 아이도 진심으로 듣습니다. 엄마의 말도 진정으로 아이 마음에 닿습니다.

그리고 학교에서 필요한 경청 자세에 대해 아이에게 일러주세요. 친구를 잘 사귀기 위해서도, 준비물을 잘 챙기기 위해서도, 공부를 잘하기 위해서도 잘 들어야 한다고 수시로 말합니다. 저는 큰아이에게 나랏일을 잘 운영하기 위해서도 경청이 제일 우선이라고 말한 적도 있으니, 귀에 딱지가 앉을 정도로 강조하고 있습니다.

대화의 기술이 탁월한 사람은 화려한 말보다 겸손한 귀를 가지고 있습니다. 말로 뱉는 건 쉽지만, 내가 말하고 싶은 걸 참고 남의 말을 듣는 건 어렵습니다. 상대의 마음을 읽고 호감을 받는다면 이후 말하기는 더 수월한 법이지요. 아직 마음보다 몸이 앞서는 아이들입니다. 귀보다 입이 앞서는 게 정상이에요. 아이들의 듣기 태도도 점점 나아질 거예요. 정성 들여 다져진 경청 태도는 친구 관계에도,

공부에도, 연애에도, 사회생활에도 큰 자산이 될 것입니다.

음악으로 언어 감각 키우기

큰아이가 갓난쟁이였을 때부터 버릇처럼 해오는 잠자리 의식이 있습니다. 벌써 10년이 넘었네요. 아이와 잠자리에 들며 클래식 음악을 틉니다. 저는 클래식 음악을 잘 몰라요. 그냥 유튜브에서 찾아서 기분 내키는 대로 선곡합니다. 음악을 들으며 도란도란 얘기를 나누다 잠이 듭니다. 아침에 일어나 함께 밥을 먹을 때도 음악은 빠지지 않습니다. 잠자리 음악처럼 늘 틀지는 않지만, 거의 음악과 함께 식사합니다. 클래식일 때도 있고요, 제가 좋아하는 팝 음악일 때도 있습니다.

어떤 큰 목적이 있어 음악 듣기를 시작하지는 않았어요. 저는 클래식보다 가요와 팝송을 듣는데요. 클래식은 아이 정서에 좋다니 틀어 놓기 시작했습니다. 하루를 마무리하며 클래식 듣는 것이 일상이 되니 평온한 마음으로 하루를 마칠 수 있게 되었어요.

모든 감각 중에 청각이 가장 빨리 만들어진다고 해서 태교할 때 클래식을 많이 듣습니다. 클래식 음악은 아이의 청각은 물론 인지 발달, 정서 안정, 감수성, 창의력을 높여준다고 합니다. 뇌의 활동을 돕고 집중력이 좋아진다고 해요. 긍정적인 생각을 하는 데 도움이 되고 전인적 발달에도 영향을 미칩니다.

매일 감상하는 음악이지만 잠들기 전 듣는 거라 10분 내외 듣습니다. 그래서일까요? 곡의 정확한 제목을 아는 건 몇 곡 되지 않습니다. 하지만 10년 정도 들으니 효과가 있는 것 같습니다. 제 아이는 소리에 민감합니다. 학교에서 악기를 배우는 데 리듬을 금방 따라 합니다. 꼭 음악뿐이 아닙니다. 영어로 된 영상을 볼 때나 어른의 대화를 들을 때도 그래요. 민감하게 반응하며 처음 듣는 어휘도 금방 따라 말합니다. 다양한 이유가 있겠지만 매일 듣는 음악이 청각 능력을 키워주고 오디오에 집중하게 해주는 데 도움이 되었다고 생각합니다.

하나 더, 공감 능력을 키워줍니다. 어느 날 음악을 들으며 큰아이는 "엄마, 비발디의 〈겨울〉은 고양이가 눈밭에서 부르르 떠는 느낌이에요."라고 말했어요. 아이는 음악을 들으며 작곡가가 어떻게 음악을 만들었을까 상상합니다. 곡을 들으며 작곡가의 심정에 공감합니다. 상황을 그리고 말로 표현하기도 합니다. 음악만 듣기보다 엄마와의 교감 안에서 함께 음악을 들었기에 더욱 공감 능력이 발달했을 겁니다.

음악을 자주 들으면 소리의 높낮이, 톤, 리듬을 감지하는 훈련이 됩니다. 청각 능력이 좋아집니다. 사람의 말은 음악과 비슷해요. 목소리 성량, 악센트, 톤이 모두 다르지요. 실제로 음악 감상과 언어 학습을 관장하는 뇌의 위치가 비슷하다고 하니 음악이 언어 발달에도 도움이 됩니다.

　음악 감상을 넘어 악기 연주는 조금 더 적극적으로 청각을 자극합니다. 《영어책 1천 권의 힘》에서는 음악교육과 언어 능력과의 상관성에 관해 설명합니다. 30여 년간 음악교육과 학습의 관계를 연구해 온 미국 노스웨스턴대학 청각 과학 연구소의 니나 크라우스는 아이가 악기를 연주하거나 음악에 맞춰 몸을 흔드는 등 음악의 즐거움에 빠지면 뇌세포의 연결이 긴밀해진다고 했습니다. 음악교육이 아이의 듣기 능력뿐 아니라 말하기, 읽기, 외국어 이해 등 언어 능력을 상승한다고 밝히고 있습니다. 큰아이가 기타연주를 배우며 스스로 연주하는 소리를 듣고 음을 만드는 과정은 뇌세포의 성장을 가져온다고 할 수 있습니다. 음악을 배우며 청각이 예민해지고 언어 능력에도 영향을 주고 있습니다.

　수학 백 점 시험지처럼 눈에 보이는 점수는 없지만, 엄마와 함께 듣는 음악 감상은 아이의 듣기 능력, 공감 능력을 발달시킨다고 믿습니다. 그리고 악기 연주 또한 듣기 능력, 언어 추론 능력, 말하기 능력에 효과가 있으리라 생각합니다. 무엇보다 아이가 좋아합니다. 음악을 즐기며 언어 능력까지 좋아진다니 매일 음악을 즐기고 있습니다.

05

생각을 깨우는
대화하기

가치를 묻는 대화하기

"공부는 왜 할까?"

아이에게 물어보세요. 아니, 자신에게 질문하세요. 아이들은 왜 공부를 해야 할까요? 이 세상에 당연한 일은 없습니다. 가족, 학교, 국가가 존재하는 이유가 있지요. 어른인 우리도 그 존재 이유에 대한 정확한 답을 찾기란 어렵습니다. 사람의 인생관에 따라 가치의 정도가 달라 공부하는 이유도 수백 가지로 대답할 수 있습니다.

아이들은 더욱이 공부를 왜 해야 하는지, 학교는 왜 다니는 건지, 부모님 말씀은 왜 잘 들어야 하는지 감이 오지 않습니다. 엄마가 하라고 하니까 맹목적으로 순종할 수밖에요. 엄마 말을 듣지 않으면 어른에게 대든다고 핀잔만 듣습니다. 학교에서도 마찬가지이지요.

꿈이 있고 목표가 있는 아이가 공부에 대한 내적 동기가 높다고 하지요. 하고 싶은 일이 있기에 힘든 상황도 인내하고 열심히 노력합니다. 학창 시절 공부의 필요성을 뼛속 깊이 이해하기에 가능한 일입니다. 자기 인생에 무엇이 가치 있는지 생각하고 하루를 보람되게 생활합니다. 이런 아이는 꼭 공부에 성공하지 않더라도 제 밥벌이에 관한 생각은 진지하게 할 아이입니다.

아직 어린 초등학생이지만, 삶의 가치를 하나씩 일깨울 수 있는 질문을 던져보세요. 인생관이란 수십 년을 살며 생각과 생각이 더해져 다듬어지는 존귀한 가치관입니다. 아이가 어떤 인생관으로 살길 바라시나요? 아이들이 자기 줏대를 가지고 품격 있는 사람이 되었으면 좋겠습니다. 누가 시켜서 하는 게 아니라 스스로 삶의 가치를 찾고 하루하루를 보람되게 살았으면 합니다.

당연하다고 생각하는 모든 일에 이유를 묻고 의미를 찾는 대화를 풍부하게 나누세요. 꼭 공부의 필요성만을 찾으라는 말이 아닙니다. 환경을 보호해야 하는 이유, 어른에게 예의 바르게 행동해야 하는 이유, 친구의 말을 존중해야 하는 이유, 노력이 중요한 이유, 사람이 죽는 이유, 내가 오늘의 삶을 감사해야 하는 이유 등 소소한 일상에서 주제를 찾아 왜 그런지 가치에 관한 생각을 이끄는 질문을 하세요.

아이들은 본능적으로 호기심이 가득합니다. 아이들의 호기심은 사람의 내적, 인문학적 질문을 통해 생각을 깨웁니다. 부모와의 대화 속에서 어른의 말에 동조하기도 하고 반대 의견을 내면서 자기 생각을 다듬습니다. 이는 앞으로 인생을 살아가는 가치관 형성에 영향을 미칩니다. 아이는 자기만의 철학을 가지게 될 것입니다.

경이로운 논리를 펼친 소크라테스는 달변가 이전에 철학자였습니다. 말만 거창하게 한다고 달변가가 되는 게 아닙니다. 삶의 지혜를 깨닫고 자기 생각을 타당한 근거로 설명했습니다. 논법은 부차적인 문제이고, 생각의 깊이가 남달랐지요.

아이가 가치를 알고, 가치를 창조하는 사람으로 자라도록 대화를 나누세요. 지식만이 아니라 지혜를 알고 자기만의 진리를 찾아가는 아이로 말이에요. 잠자리에 들며 엄마가 근사하게 생각하는 삶의 가치를 들려주고 아이는 어떤 생각을 가지는지 물어보세요. 아이의 원석 같은 생각을 아름다운 보석으로 다듬도록 도와주세요.

공감의 대화

말이 능숙한 사람은 어떤 사람일까요? 말을 막힘 없이 하는 사람? 유창한 어휘를 쓰며 말하는 사람? 바로 공감하는 말을 하는 사람입니다. 아무리 말을 잘해도 목적에 따라, 상대에 따라 말하기는 달라져야 합니다. 듣는 사람에 대한 공감은 기본입니다. 옆집 아줌마처럼 말하는 김미경 강사를 떠올려 보세요. 전달하고자 하는 내용을 주부들의 애환에 공감하며 열변을 토합니다. 지식이 풍부하다고 잘난 척하지 않습니다. 화려한 기술보다 상대의 마음부터 읽습니다.

아이에게 말 잘하는 방법을 알게 해주려면 부모부터 아이를 공감하며 대화하세요. 부모의 어휘, 말투, 분위기까지 닮는 아이는 공감하는 태도까지 따라 하게 됩니다. 공감은 꼭 말 기술을 배우기 위함이 아닙니다. 우리는 인생 선배로서 대화 속 공감이 무엇보다 중요한 의사소통 요소란 걸 알고 있습니다. 남편, 친구, 직장 동료와의 대화에서 공감이 필요하듯 아이와의 대화에도 바탕이 됩니다.

아이는 어린이라는 이유로, 미성숙하다는 이유로 쌍방향의 대화가 아닌 지시형, 명령형, 협박형의 말을 듣습니다. 반대로 부모가 읍소하는 듯 아이에게 호소하는 말을 건네기도 하지요. 아이는 통제의 대상이 아닙니다. 평가의 대상도 아니고요. 초등학생을 마냥 아기로 대하는 것도 바람직하지 않습니다.

아이가 자라며 마음과 사고도 성장합니다. 마음과 사고의 크기만큼 공감하며 대화하세요. 아이가 말을 꺼내면 아이의 기분에 공감해주고 '네가 많이 힘들구나.'와 같이 아이의 감정을 읽고 반응하세요. 아이의 입장에서 생각하고 아이 말을 끝까지 들어줍니다. 어른으로서 꼭 해결책을 제시하지 않아도 됩니다. 공감이 우선입니다. 특히 아이가 사춘기가 되며 자신도 제어하지 못하는 감정이 들 때,

부모가 지레 나서서 해결하기보다 아이의 솔직한 마음에 공감하며 대화해야 합니다.

저도 노력하고 있습니다. 아이에게 화가 나면 비난의 말이 쏟아집니다. 어른 입장으로 '저 정도도 못 할까?'라며 평가하고 있습니다. 하지만 말이 그 사람의 인격으로 나타난다고 하잖아요. 아이를 공감하는 대화야말로 인격적으로 존중하는 행동입니다. 감정에 휩싸이는 날은 힘들지만, 엄마를 위해서도 아이를 위해서도 공감의 말을 하려고 합니다. 아이가 세상에서 가장 믿는 사람은 엄마이고, 가장 편하게 말할 대상도 엄마이니까요.

06

식사 시간을
대화로 채우기

밥상 머리 대화하기

'식사 시간마다 벌어지는 격렬한 토론 때문에 나는 끊임없이 읽고 생각하고 상상해야 했다.'

구글 창업자 래리 페이지는 말했습니다. 유대인의 피가 흐르는 래리 페이지는 밥상에서 부모와의 대화, 토론을 통해 생각하는 힘을 자연스럽게 길렀다고 합니다. 유대인 부모는 저녁 식사 시간에 자녀에게 일상생활부터 사회 이슈까지 다방면의 주제에 대해 질문하고 대화합니다. 밥을 먹으며 살아있는 지혜의 양식도 함께 먹는 셈이지요. 대단한 토론도 필요 없고 부모는 아이와 함께 밥을 먹으며 사고의 물꼬를 터주는 역할만 합니다. 아이는 밥상 머리에서 생각 머리가 자라게 됩니다. 더불어 토론의 기술을 배우게 됩니다.

어느 주말 저녁이었습니다. 출발은 남편이었어요. "페이스북이 메타로 이름을 바꾸었대." 큰아이는 호기심 어린 눈빛으로 왜 바뀌었는지 물었습니다. 이어 아빠는 '메타버스'를 설명합니다. 큰아이도 신문에서 메타버스라는 개념을 접해서 아는 척합니다. 아빠와 큰아이는 서로 메타버스에 관한 장점, 단점을 말했어요. 메타버스 이야기는 어느새 2040년으로 시간여행을 합니다. '홀로그램으로 외국 친구를 만난다.', '가상 세계의 대학을 다닌다.' 등 여러 상황을 그려 나갔습니다.

홀로그램으로 멀리 있는 사람도 만나다니 큰아이가 곰곰 생각하며 "북한 친구도 만날 수 있을까요?"라며 질문합니다. 김정은에서부터 김일성까지 북한의 정치 역사를 들추며 이야기는 이내 과거로 갑니다. 미·소 냉전과 한국전쟁, 소련과 쿠바, 소련의 붕괴까지 얘기가 퍼즐 맞추듯 이어집니다. 이어 '소련은 유럽일까, 아시아일까?'라는 질문이 나오고 '유럽 국가는 유럽연합을 왜 만들었을까?', '영국은 왜 탈퇴했을까?'까지, 대화는 끊이질 않았습니다.

영국 얘기가 나오니 손흥민 선수도 살짝 등장하고요. 큰아이는 스포츠선수들이 국적을 바꾸는 이유에 대해 궁금해했어요. 제가 국적을 바꾸는 이유에 대해 답한 후 아빠는 "미래사회엔 국적의 개념이 없어질 거다."라는 답으로 다시 이야기는 처음으로 돌아왔습니다. 이 외에도 위드 코로나의 전면등교, 사막여우의 특징, 배드민턴 잘 치는 법, 와사비로 만든 음식 등 다채로운 대화가 두 시간 동안 오갔습니다.

주중에 늘 늦게 퇴근하는 아빠는 주말에 힘주어 아이들과 대화의 장을 마련합니다. 주말 저녁 시간이 저희의 소중한 대화 시간입니다. 일상 얘기가 오가기도 하고 이날처럼 난데없는 토론이 펼쳐지기도 합니다.

래리 페이지가 한 밥상 토론이 뭐 별거 있나요? 아이들보다 조금 더 인생 경험이 있는 부모가 아이와 대화하며 질문하고 답하는 거예요. 심각할 필요 없습니다. 그냥 어른의 말투로 어른의 상식을 얘기합니다. 아이가 물으면 쉽게 설명해주면 됩니다. 아이의 질문과 의견을 소중하게 듣는 부모의 귀는 필수이고요. '지식을 전달하겠다.'보다 아이와 마주 앉아 '즐겁게 대화하겠다.'라는 마음가짐이면 됩니다.

SBS 스페셜 제작팀의 《밥상머리의 작은 기적》을 보면 하버드 대학 연구 결과 '아이는 책을 읽을 때보다 10배의 어휘력을 식탁에서 배운다.'라고 밝히고 있습니다. 콜롬비아 대학 CASA 연구 결과 가족 식사하는 아이들이 그렇지 않은 아이들보다 어휘력, 이해력, 정서적 안정감이 높았다고 합니다. A 학점을 받은 비율도 2배가 높았다는 연구 결과가 있습니다. 래리 페이지의 사례에서 보듯 토론 능력의 성장은 밥상에서였습니다.

유대감 형성, 어휘력, 사고력, 상상력, 지능, 인성까지 배울 수 있는 교육의 장이 바로 밥상입니다. 매일 하지 않아도 됩니다. 일주일에 한 번 또는 이 주일에 한 번도 좋아요. 아이를 토론의 상대로 보고 함께 이야기를 나눕니다. 아이는 부모의 생각과 말을 들으며 또 한 번 성장합니다.

모두 참여하는 밥상 대화

유교 사상이 강한 우리의 밥상은 입을 여는 것보다 닫는 게 익숙합니다. 어른이 있는 자리에서 감히 아이들의 말소리가 커질 수가 없었지요. 하긴 요즘 젊은 세대는 또 다르더라고요. 아이가 중심이되어 밥상이 차려집니다. 밥과 반찬은 말할 것도 없거니와 온통 대화 주제도 아이가 주인공이 됩니다. 아이가 중심이 된 대화는 좋습니다. 하지만 애쓰며 그럴 필요는 없습니다. 부모의 대화 속에서 아이는 많은 것을 듣고 말하며 배웁니다. 가족 구성원이 모두 공감하는 대화여야 밥상 머리 교육의 효과는 커집니다.

'메타 버스', '미·소 냉전', '손흥민'이 밥상 머리 대화로 즐겁게 이어가려면 식탁에 앉은 구성원 모두 공감해야 합니다. 어른, 아이 할 것 없이요. 큰아이는 이전에 이러한 어휘를 신문, 책, 유튜브 영상을통해 익히 알고 있었어요. 대화 속 어휘 모두를 정확하게 알지는 못했지만, 70% 정도는 이해하고 있었습니다. 그렇기에 대화가 가능했던 것이겠지요.

난도 있는 대화를 하고 싶을 땐 아이가 어느 정도 익숙한 주제를 정해서 대화하는 것을 추천합니다. 아이가 이전에 알고 있는 내용을 툭 던지며 질문합니다. 아이의 생각을 이끌 수 있는 질문이면 좋습니다. "너는 어떻게 생각하니?" 묻습니다. 아이의 대답에 호응하며 꼬리를 물며 생각을 끌어냅니다. 답을 알려주는 것보다 바람직한 피드백은 열린 질문입니다. 아이의 생각을 묻고 이유를 물으세요.

아이가 자유롭게 발언할 수 있는 분위기가 조성되어야 합니다. 아이가 정답을 말하지 않았다고 핀잔을 주지 마세요. 답이 없어도 됩니다. 아니, 답이 없을수록 좋습니다. 부모가 생각한 대로 말하지 않았다고 반박하지 마세요. 아이의 생각을 그대로 인정합니다. 아이와 논쟁이 아닌 대화입니다. 아이의 사고가 자라는 과정을 즐기면 그뿐입니다. 집 밥상은 아이를 평가하는 교실 책상이 아닙니다. 밥 먹다 체하면 안 되니까요.

가장 좋은 대화의 기술은 긍정의 말입니다. 아이의 생각을 들어주고 그렇게 생각한 것에 대해 맞장구를 칩니다. "운동선수가 국적을 바꾸는 건 정당하지 않다고 생각해요. 태어난 나라를 단순히 돈 때문에 바꾼다면 정체성에 혼란이 옵니다. 국적은 그 나라의 문화를 제대로 이해하고 사랑하는 마음이 있어야 해요."라고 답하는 큰아들의 말에 "그렇지, 국적은 돈만으로 결정되는 것이 아니지. 정체성에 대한 문제도 고민해야 해."라고 말하며 아이의 말에 긍정적으로 호응했습니다. 칭찬할 상황이 있다면 칭찬도 빼놓지 않고요.

　가장 주의해야 할 말은 잔소리에요. 아이를 나무라며 큰 가르침을 주겠다는 잔소리는 밥상 머리에서 하지 말아주세요. 다음 밥상 머리는 말할 것도 없고 일상 대화도 힘들어집니다. 식사 시간에 하는 대화는 그 어떤 대화보다도 가장 즐거워야 합니다. 아이가 맛있는 식사를 하며 부모님과 격의 없이 대화를 나누는 겁니다. 공부 시간도, 잔소리시간도 아니란 걸 기억하세요. 대화를 나누다 보면 토론 능력은 저절로 길러집니다.

07

자신 있게
의견 말하기

자존감 높이는 대화하기

중2 태원이는 공부를 꽤 잘하는 학생이었습니다. 국, 영, 수는 물론 전 과목 지필평가에서 한두 개 틀릴 정도로 수재였지요. 그런데 유독 수행평가에는 약한 모습을 보였습니다. 친구들 앞에서 발표하는 활동에서 덜덜 떨며 큰 소리로 말하지 못했어요. 자료 준비는 늘 철저히 했고 발표 연습도 여러 번 한 티가 났습니다. 하지만 대사를 외우는 듯한 말투, 청중을 똑바로 보지 못하는 눈빛은 친구들에게 호응을 얻기 어려웠습니다.

태원이가 지필고사 시험을 볼 때 시험감독을 한 적이 있습니다.

156

그렇게 공부를 잘하는 아이인데 지나치게 긴장한 모습을 보였습니다. 시험 시간 내내 손톱을 깨물고 다리를 심하게 떨었어요. OMR 답안지 카드를 몇 번을 바꿨는지 모릅니다. 공부를 잘하면 어떤 시험이건 자신 있게 풀 줄 알았는데 아니었어요. 의아했습니다. 태원이의 불안감은 어디서 오는 것일까요?

우등생 태원이 뒤에는 모든 걸 아낌없이 지원해주는 엄마가 있었습니다. 아이 수행평가 준비는 물론 지필고사 때는 밤새워 아이랑 같이 공부한다더군요. 태원이가 서술형 평가에서 한 문제라도 틀리면 엄마는 왜 틀렸는지 교과 선생님께 바로 전화합니다. 객관식이 아니기에 정답에 대한 민원을 넣기도 여러 번이었어요. 발표 수행평가에선 엄마가 대본을 짜줍니다. 여러 번 외우고 연습해요. 아쉽게도 학교에는 엄마가 없지요. 불안한 마음에 태원이는 평가를 망치곤 합니다. 태원이가 가장 싫어한 수행평가는 토론입니다. 돌발 상황이 많거든요. 친구가 급작스레 생각하지 못한 질문을 하면 입을 닫았고요. 지필평가에서 백 점 맞는 태원이는 토론에서는 자기 생각을 당당하게 말하지 못했습니다.

공부 잘하는 아이지만 태원이가 하나도 부럽지 않았습니다. 오히려 측은한 마음이 들었습니다. 아이의 고등학교 생활이 훤히 눈에 보였습니다. 태원이의 집에선 엄마와 아이 사이에 어떤 대화가 오갈까요? 태원이는 태원이로 살고 있었을까요? 엄마의 꼭두각시로 산 건 아닐까요?

아이가 자기 생각을 당당하게 말하기 위해서는 자존감이 필요합니다. 자신을 소중한 존재로 생각해야 합니다. 자존감이 높은 아이가 '나'를 드러낼 수 있습니다. 자기 말과 행동에 신뢰하지요. 실패하더라도, 말을 실수하더라도 툴툴 털고 일어날 힘이 있습니다. 아이 자존감은 엄마가 조종할 수 없는 부분이에요. 그렇지만 엄마가 만들어 줄 수 있습니다. 아이의 자존감은 엄마의 따뜻한 말과 행동으로부터 나오는 것이지요.

톨스토이는 "자녀교육의 핵심은 지식을 넓히는 데 있지 않고, 자존감을 높이는 데 있다."라고 말했습니다. 자존감은 자신을 존중하고 사랑하는 마음입니다. 이 세상에 가장 사랑해야 할 사람이 자신이 되어야 해요. 엄마는 아이를 독립된 인간으로 인정하고 대화해야 합니다. 지시와 협박으로 일관된 대화는 아이를 소유물로 생각하는 대화법입니다. 아이는 등급을 위해 존재하지 않습니다. 아이도 아이만의 감정, 욕구, 행동, 말투가 있다는 걸 인정하고 존중해주어야 합니다.

칭찬만 잘해도 아이의 자존감은 높아집니다. 누구나 장점, 단점이 공존합니다. 아이의 장점에 더 집중하세요. 단점을 채우기보다 장점을 칭찬합니다. 아이의 잘한 점에 집중합니다. "태원아, 이것만 맞으면 백 점인데, 이거 왜 실수했어!"라고 말하기보다 "이번 시험에서 태원이가 밤늦게까지 공부하며 노력한 모습이 정말 대단해."라며 아이의 노력에 칭찬해야 합니다. 결과보다 과정을, 부정의 말보다 긍정의 말을 해야 제대로 된 칭찬입니다. 과한 칭찬도 독이 되지요. 별거 아닌 일에 호들갑을 떨며 칭찬을 내뱉으면 아이는 부담이 됩니다. 엄마의 과한 기대감에 앞으로 나서기가 두려울 수 있어요. 아이의 마음을 읽고 칭찬할 상황을 살펴 적절히 칭찬의 말을 건네세요.

태원이는 전 과목에서 문제 하나만 틀려도 두려워했습니다. 엄마에게 혼난다고 했거든요. 남들이 부러워할 만한 시험 성적에도 칭찬 한 번 듣지 못한 아이입니다. 태원이는 엄마에게 공부하는 기계였던 것 같아요. 엄마의 대화 속에서 사랑을 느꼈을지 의문입니다. 덜덜 떠는 아이의 자존감은 위태로워 보였어요. 아이는 엄마가 믿고 사랑하는 만큼 자존감이 높아집니다. 우리의 소중한 아이는 자기 존재를 인정해 주는 말을 듬뿍 받고 자라야 합니다.

선택을 존중하는 대화하기

태원이의 문제점은 자존감뿐 아니라 자립심에도 있습니다. 엄마가 없는 공간에서 스스로 해결하는 데 겁을 냈습니다. 태원이의 성적표는 엄마 성적표나 다름없었지요. 아이는 의사 결정을 할 때 모든 걸 엄마에게 물었고 엄마의 결재가 떨어져야지만 마음 편히 무언가를 할 수 있었습니다. 엄마 생각을 말하는 게 더 편했던 아이,

자기 생각을 발표하기란 벅찬 일입니다.

태원이 엄마처럼 아이를 쥐고 흔들고 있는지 반성하게 됩니다. 어느 상황에서든 자신 있게 말하는 아이로 키우고 싶거든요. 이런 아이들은 특징이 있습니다. 태원이와 반대로 주도적으로 생각하고 말을 합니다. 자기 말에 책임을 지며 좌절하더라도 스스로 수습합니다. 매사 자신감이 넘치지요.

육아의 궁극적 목적은 아이의 독립이라고 하지요. 아이의 독립을 위해 엄마는 인생 선배 입장으로 조언할 뿐입니다. 아이 인생의 주도권은 아이가 쥐고 있습니다. 생각의 주체도 아이, 의사 결정의 주체도 아이입니다. 믿음직스럽지 못하지만, 아이에게 선택의 기회를 많이 주세요. 아이와의 대화 속에서 "~해라."라는 명령보다 "~는 어떻게 할 거야?"라고 아이의 의견을 묻습니다. 아이를 믿어봅시다. 실패해도 괜찮으니까요.

큰아이의 기나긴 겨울방학이 시작되었습니다. 엄마가 방학 계획표를 짜줄 수도 있지만, 아이에게 맡겼습니다. "이번 방학에 가장 하고 싶은 일은 뭐야?"라고 물었어요. 당연히 노는 게 1순위입니다. 방학 중 목표는 무엇인지, 하루 동안 어떻게 지낼지는 아이가 정했습니다. 평소 독서나 자기 집 공부에 있어서는 습관이 잡힌 탓에, 그것도 계획표에 넣었는데요. 독서 시간을 더 늘렸으면 하는 제 마음과 아이의 계획은 일치하지 않았습니다. 저는 공부를 오전으로 몰아서 했으면 했는데, 아이는 아니었어요. 그렇지만 계획을 바꾸라고 요구하지 않는 대신 아이에게 구체적으로 실천은 어떻게 할 것인지, 자기 말에 책임을 어떻게 질 것인지 묻기만 했습니다. 아이가 자기 계획표대로 며칠 실천하다 보니 효율적이지 않은지 스스로 계획표를 바꿔나갔습니다. 다음 방학 땐 독서를 20분 더 늘리겠다고 다짐하기도 했어요. 기특한 마음에 칭찬해 주었습니다. 잔소리하고 싶은 마음이 턱 끝까지 오를 때도 많지만, 밑져야 본전이니 아이를 믿어봅니다.

아이는 자기가 세운 방학 계획인 만큼 책임감을 가지고 지킵니다. 스스로 말을 하고 그림까지 그려놨으니 엄마의 일이 아니라 아이의 일입니다. 계획이 틀어졌어도 아이의 잘못입니다. 엄마가 '이렇게 해라, 저렇게 해라.'라고 훈수 두지 않습니다. 스스로 계획한 일에 실천해가는 아이 모습을 칭찬하면 됩니다. 실천하지 못한 것에 왜 못했는지 묻고, 앞으로 어떻게 할 것인지에 대해 또다시 아이에게 선택의 여지를 남겨 둡니다.

아이는 선택권을 보장받는 대화에서 의사소통 능력, 자기 결정권, 문제 해결 능력, 자율성, 독립심이 자랍니다. 학교에서도 어떤 문제나 갈등 상황에서 대화나 토론으로 해결하는 힘을 발휘합니다. 자기 목소리를 정당하게 낼 수 있고, 의견을 관철할 수 있습니다. 자기의 말과 행동에 책임을 집니다.

중2까지 고분고분했던 태원이는 어떻게 자랐을까요? 꾹 눌러있던 욕구는 언젠간 터졌을 겁니다. 엄마보다 힘이 세졌다고 느꼈을 때는 반항했을지도요. 엄마의 일방적인 욕심의 결과는 참혹할 거라 짐작합니다. 이 세상에는 나와 똑같은 존재는 없습니다. 아이도 나와 다른 객체입니다. 집에서 아이의 생각과 의견이 존중받을수록 밖에서 아이의 말과 행동이 떳떳하게 나옵니다. 엄마가 애써 꾸미지 않아도 말입니다.

08

논리적으로
말하기

육하원칙으로 말하기

학교에서 아이들 사이에 다툼이나 사건이 발생하면 해당 아이들에게 종이를 하나씩 건넵니다. 종이에는 '누가, 언제, 어디서, 무엇을, 어떻게, 왜'에 해당하는 질문이 적혀 있습니다. 아이들은 여섯 개의 질문인 육하원칙에 맞게 사건을 설명하는 글을 작성합니다. 종이 한 장으로 어떤 일이 일어났는지 구체적으로 알 수 있어요. 감정이 앞선 아이들에게 말보다 글을 통해 더욱 정확하게 정보를 얻으려는 목적입니다.

어떤 현상을 설명할 때 육하원칙은 자주 사용됩니다. 특히 신문 기사문을 보면 육하원칙이 지켜지고 있어요. 육하원칙 때문에 글을 읽는 사람은 쉽게 내용을 알 수 있습니다. 이해가 빠르지요. 육하원칙은 평상시 대화에서도 자주 적용되어 쓰입니다. 회사에서 있었던 일을 얘기하는 남편의 말속에서, 친구와 만남을 약속하는 아이의 말속에서도 발견됩니다. 글과 마찬가지로 육하원칙을 써서 말을 하면 전달하려는 내용이 좀 더 명확하게 드러납니다.

집에서도 육하원칙을 의식하며 대화하세요. 아이의 말하기 실력도 늘어납니다. 초등 저학년이 육하원칙에 따라 정확하게 말하기는 쉽지 않습니다. 자기가 겪은 일도 횡설수설하기 일쑤이지요. 이럴 땐, 엄마가 적절하게 육하원칙에 해당하는 질문을 적당히 해주면 아이는 질문에 초점을 맞추어 대답할 수 있습니다.

예를 들어, 학교에서 있었던 일을 질문할게요. "오늘 재미있었어?"라고 말하기보다 "오늘 누구랑 놀았어?", "무엇을 했는데?", "언제 놀았어?", "그 놀이는 어떻게 하는 건데?", "그 놀이가 왜 재미있어?"라고 말하면 육하원칙에 따른 대화가 이끌어집니다. 아이는 육하원칙의 질문을 들으면 끊임없이 생각해야 해요. 상황을 머릿속에 그리고, 설명하게 됩니다. 자연스럽게 자세한 상황묘사가 됩니다. 집에서도 습관적으로 육하원칙에 따라 대화를 나누면 대화의 시간이 풍성해집니다. 단답형에서 벗어나 오랫동안 대화가 이어집니다.

아이가 흥분하고 화가 난 상태일 때도 육하원칙 말하기를 추천합니다. 격한 감정 때문에 말이 뒤죽박죽될 때 상황을 객관적으로 볼 수 있습니다. 아이가 감정을 빼고 육하원칙에 따라 말을 하면 엄마의 화난 마음도 조금 사그라듭니다.

육하원칙으로 아이와 대화를 나눈 후엔 마지막으로 엄마가 종합, 요약하여 말해보세요. 그러면 아이는 지금까지 대화했던 내용을 다시 확인하게 됩니다. 그리고 아이에게 육하원칙에 따라 말하기의 장점을 알려주세요. 친구에게 의견을 분명히 밝히고 설득하기 좋은 방법이라고 가르쳐주세요. 말의 전달력이 높아지면 말에 더욱 믿음이 가는 장점이 있다는 것도요.

육하원칙에 따른 대화가 익숙한 아이들은 고학년이 되어서도 중언부언하지 않고 정보를 명확하게 말로 전달합니다. 무심코 지나치는 일상 대화이지만 습관을 조금만 바꾸어도 논리적인 말하기가 연습 됩니다. 육하원칙에 의한 말하기는 당연히 글쓰기에도 긍정적인 영향을 미칩니다.

교과서를 논리적으로 설명하기

수업 중 토론할 때는 주제가 있습니다. 주제에 따라 아이들은 자료를 조사하거나 선생님으로부터 정보를 받습니다. 자료를 충분히 검토하고 자기 생각을 말합니다. 명백한 근거를 들어 말을 해야 제대로 된 토론이라고 할 수 있습니다. 주제에 어긋나는 말은 소용이 없습니다. 논리적인 설명 없이 말하는 것도 설득력을 잃습니다.

중심이 되는 말과 뒷받침하는 말을 논리적으로 말해야 합니다. 그렇게 논리적이고 명확한 설명이 돋보이는 책이 있습니다. 바로 교과서입니다. 사회나 과학 교과서를 보세요. 객관적 사실이 정확하게 설명되어있습니다. 또는 주장과 이유를 명명백백하게 밝힙니다. 저는 교과서를 활용해서 아이의 말하기를 연습하고 있어요.

방법은 간단합니다. 아이가 학교에서 배운 내용을 엄마에게 말로 설명하는 방법입니다.

교과서에는 단원별로 학습 목표가 있습니다. 단원이 시작하는 페이지에 그 단원에서 배워야 할 내용이 나옵니다. 학습 목표는 아이가 배워야 할 핵심이지요. 보통 교과서에는 학습 목표나 학습 문제로 제시됩니다. 평서문은 학습 목표, 의문문은 학습 문제입니다. 교과서에 적혀 있는 문장을 보고 엄마는 학습 문제로 질문하세요. 그리고 아이는 배운 내용을 대답하는 방식입니다.

예를 들면 4학년 1학기 과학 교과서에는 '과학자처럼 탐구해 볼까요?'가 나옵니

| 교육부 초등학교 4-1 과학 교과서 8쪽

다. 학습 문제 중 하나는 '과학자처럼 탐구하려면 어떻게 해야 할까요?'입니다. 엄마가 바로 활용할 수 있는 질문이에요. 아이는 질문을 듣고 '과학자처럼 측정하는 법', '과학자처럼 예상하는 법', '과학자처럼 분류하는 법', '과학자처럼 의사소통하는 법' 등 학교에서 배운 내용을 조리 있게 설명합니다. 이어 '과학자처럼 의사소통하는 법'에서 더 생각해 볼 문제에 관해 교과서에 있는 질문을 활용해 대화를 이끕니다. "내 생각이나 탐구 결과를 잘 발표하려면 어떻게 해야 할까?"라고요.

엄마와의 교과서 대화는 질문과 답을 정확하게 알 수 있는 이점이 있습니다. 아이가 질문을 뚜렷하게 이해하고 답을 제대로 찾아가는 과정을 연습합니다. 교과서의 어휘를 활용해 명확하게 의사를 전달하지요. 이는 상대방과 대화하거나 토론할 때 논점에서 벗어나지 않고 문제에 집중할 수 있도록 도와줍니다. 정보를 주고받는 바람직한 말하기 방법과 태도를 익힙니다.

교과서 설명하기는 아이의 말하기 실력이 발전하기도 하지만 공부 내용의 복습 효과가 크고 수행평가를 위한 준비도 됩니다. 자기가 지식을 제대로 알고 있는지, 아닌지도 확인할 수 있습니다. 매일 하는 게 학습적으로도, 말하기 연습으로도 가장 좋지만요. 아이가 질려버릴 수 있습니다. 저는 중요한 단원평가나 수행평가가 있는 경우에만 활용하고 있습니다. 그 시간만으로도 충분합니다.

09

말하기 영역
확장하기

가족회의, 참여에서 개최까지

어느 블로그에서 한 달에 한 번씩 가족회의를 한다는 글을 보았습니다. 가족끼리 둘러 모여 한 달 동안 있었던 일을 정리하고 새로운 달을 계획하는 내용이었습니다. 대단하다 싶었습니다. 따라 하고 싶은 생각이 들긴 했지만 매달 하기란 어려울 것 같았습니다.

그래도 그 취지가 좋아서 집안에 큰일이 있을 때면 가족회의를 하고 있습니다. 가장 큰 가족회의는 여행을 계획할 때 열립니다. 보통 남편이 여행지를 선택합니다. 여행지가 정해지고 나서 세세한 일정은 아이들과 의견을 나눕니다. 아이들은 여행지를 인터넷으로 찾아봅니다. 관광명소는 무엇이 있는지, 어느 식당이 맛집인지 정보를 수집합니다. 각자 이번 여행에서 가장 하고 싶은 것, 가고 싶은 곳, 먹고 싶은 것을 얘기합니다. 의견이 늘 분분해서 대화가 길어집니다. 각자가 자기 의견을 얘기하며 왜 자기 말을 들어야 하는지 열심히 설득합니다. 큰 소리가 날 때도 있지만요. 모두가 만족스러운 여행이 되기 위해 엄마와 아빠는 조율에 나서지요.

연말연시에는 훈훈한 가족회의가 개최됩니다. 일 년 동안 있었던 일을 돌아보고 소회를 나눕니다. 아빠는 사회자가 됩니다. 일 년 동안 각자 성취한 일에 관해 얘기해요. 가족 간의 즐거웠던 날도 추억합니다. 칭찬과 덕담을 주고받습니다. 그리고 새해 목표를 각자 정합니다. 일정한 형식은 없어서 자유롭게 얘기해요. 새해에는 건강하고 서로 사랑하자며 다짐하고 회의를 마무리합니다.

가족회의를 빈번하게 하진 않지만, 큰아이는 보고 배운 게 있는 건지 2학년부터는 본인이 직접 가족회의를 개최했습니다. 시골에 텃밭을 하나 얻었는데요. 그 텃밭의 이름을 짓자고 발의했습니다.

Parkhouse 가족 회의

1. 거제도에서   어디로   여행 갈지
2. 노래방을   어떤 식으로 ~~~~ 열지
3. 밴드공연을 어떻게   할지

아홉 살 큰아이가
가족회의를 준비한 쪽지

엄마, 아빠, 동생에게 회의 일시를 공고했습니다. 그때까지 텃밭의 이름을 생각해 오라고 했습니다. 이름을 지은 이유와 함께요. 가족회의가 있는 날, PPT로 가족회의 제목과 진행 순서를 얘기했습니다. 각자 의견을 골고루 말하게 하였고, 서기도 자처했어요. 어린 동생이 '푸푸', '뿡' 등 엉뚱한 이름을 내고 지은 이유를 설명해도 무시하지 않았습니다. 텃밭의 이름은 다수결로 한다며 할머니와 할아버지가 오신 날 다시 의견을 묻고 투표했습니다.

가족회의를 통해 아이들은 의사소통 능력과 민주적 의사 결정을 배웁니다. 회의의 규칙과 태도를 습득하게 되지요. 논리적 사고를 배양하는 시간이 될 수 있습니다. 가족의 구성원으로서 인정받으며 자존감이 높아지고 가족 간 연대감이 생기며 돈독해집니다.

단, 잘못된 가족회의 방식은 도리어 서로에게 상처를 남길 수 있어요. 가족 구성원 모두 평등한 위치에서 회의가 진행되어야 합니다. 부모라는 위치에서 아이들의 의견을 무시하면 원활한 회의가 진행되지 않습니다. 비난이나 상처의 말도 조심해야 합니다.

큰아이가 가족회의를 개최하며 동생의 의견도 표결에 올린 것에 놀랐습니다. 배운 대로 행했겠지요. 아이들과 가족회의를 열어 보세요. 아이는 자연스럽게 회의의 진행 방식, 토의의 방법, 경청하는 태도, 다른 사람의 의견을 존중하는 법, 자기 의견을 효과적으로 주장하는 법 등을 자연스럽게 배웁니다. 적정한 용돈의 액수, 가사 역할 분담, 어린이날 외식 메뉴 등 사소한 일도 좋습니다. 아이의 의견을 묻고 대화하세요.

신문 읽고 토론하기

큰아이는 매일 한 편의 신문 기사를 읽고 있습니다. 어린이 신문을 활용합니다. 신문 기사 중 어린이 독자에게 찬성, 반대 의견을 묻는 기사가 있습니다. 아이들 일상과 관련된 기사이거나 재미있는 주제의 글입니다. 기사 밑에는 실제 어린이들이 기고한 찬성과 반대의 글이 있습니다. 아이는 또래의 글을 읽으며 주제에 대해 더 흥미를 갖게 됩니다.

'기후 변화에 따른 식목일 변경은 타당한가?'
'코로나 시국에 드라마를 찍을 때도 마스크를 써야 하나?'
'로봇이 그린 그림도 예술 작품으로 인정해야 하나?'
'촉법소년은 타당한가?'

제목만 읽어도 아이들이 관심 있게 볼 이슈입니다. 자유롭게 의사를 표현하는 토의와 달리 처음부터 찬성과 반대 의견의 입장을 정합니다. 동전의 양면처럼 찬반이 나누어지기 때문에 다양한 생각을 도출해야 하는 주제보다 쉽게 접근하며 말하기가 가능합니다.

토론학원처럼 형식과 커리큘럼은 존재하지 않습니다. 아이가 흥미 있는 주제의 기사를 읽고 엄마와 대화를 나눕니다. 아이는 찬성 혹은 반대의 의견을 정하고 근거를 찾습니다. 또래 친구들의 생각을 읽는 것도 아이가 자신의 주장을 정리하는 데 도움이 됩니다.

엄마가 적절하게 반응하는 것이 중요한데요. 초1부터 4학년까지는 아이의 의견에 찬성하는 쪽으로 피드백하는 게 좋습니다. 아직 아이는 진정한 토론이 미흡한 나이라는 걸 잊지 마세요. 논리적으로 반박하고 추론할 수 있는 때는 5학년 즈음입니다. 그전까지는 아이가 생각을 밝히고 이유를 설명했다는 과정에 초점을 맞추어 맞장구를 쳐주세요.

찬반 의견 나누기가 어느 정도 익숙해지고 자신의 주장을 논리적으로 설명이 가능할 때 엄마도 반박 의견을 낼 수 있습니다. 고학년이 되면 본격적인 토론이 가능합니다. 아이와 반대되는 의견이라면 "너의 생각과 다르게 진행된다면 어떤 일이 벌어질까?"라며 추론할 수 있는 질문을 던지는 것도 좋습니다. 이때가 여러 의사를 표현하는 토의가 가능해지는 시기입니다. 예를 들면 '교실에 CCTV가 설치되면 어떻게 될까?', '만약 법이 없어진다면?' 등의 주제입니다. 정답이 없이 여러 생각이 나올 수 있는 질문이지요. 토론의 규칙과 방식을 이해하며 엄마와의 깊은 토론도 가능해집니다.

과일을 먹으며 아이가 읽는 신문 기사에 대해 그저 재미로 대화를 나눕니다. 숙제처럼 할 필요도 없고요. 굳이 주제를 엄마가 먼저

172

말하지 않아도 매일 신문을 읽게 되면 아이가 먼저 관심을 보이며 말을 겁니다. "로봇이 그린 그림이 1억에 팔렸다는 게 말이 돼요? 생각도 없이 그렸는데요."라고 말이에요. 엄마는 그때 아이 말에 적극적으로 호응하며 대화를 이어가면 됩니다.

10

아이의 토론을 돕는
엄마의 말하기

엄마의 어휘력

아이가 아기였을 때 어떻게 하면 빨리 말하게 할 수 있을까, 다양한 말을 배우게 할 수 있을까 부단히도 노력했습니다. 말놀이 동시, 의성어·의태어 사전을 부지런히 읽어줬어요. 동요에서부터 동화까지 CD도 자주 틀어주었습니다. 엄마 말투는 어땠나요? 저는 책에 나온 어휘를 기억했다가 아이에게 틈만 나면 말해주었던 기억이 있습니다.

엄마의 노력 덕분인지 아이들의 언어는 쑥쑥 자랐습니다. 아이의 어휘력을 높이기 위해 열심히 노력했던 엄마들은 초등학교만 들어가면 아이의 어휘는 알아서 늘겠거니 관심이 시들해집니다. 아이의 언어 발달은 아직 끝나지 않았는데 말이지요. 초등 시기에는 사고력이 폭발적으로 발달합니다. 아이들은 또래에게서 어휘력을 배우기도 하지만, 선생님과 부모님에게서도 배웁니다. 특히 부모님은 일상 대화 속에서 습득한 어휘이기에 자기화되기가 쉽습니다. 엄마가 아기의 어휘력 신장에 노력했던 만큼 초등 때도 풍성한 언어 자극을 주어야 합니다.

초3만 되어도 아이들의 어휘력 차이는 크게 벌어집니다. 3학년부터 교과가 많아지고 새롭게 배워야 할 어휘량이 급증하기 때문입니다. 이 시기에 학교에서 배우는 어휘를 제대로 이해하지 못하고 넘어가면 이후 학업 의욕, 학업 성과에도 악영향을 미칩니다. 말하기, 쓰기 능력은 물론입니다. 어떻게 하면 가정에서 아이의 어휘력 신장을 도울 수 있을까요? 제가 의식적으로 아이의 어휘력을 높이기 위해 활용하는 방법을 말씀드릴게요.

첫째, 교과서를 활용합니다. 저는 아이의 교과서를 자주 봅니다.

3학년 국어 교과서(3-1 247쪽)를 보면 '어엿한, 서약서' 등의 어휘가 등장합니다. 아이와 대화할 때 일부러 교과서에 있던 어휘를 넣어서 말을 합니다. "너는 어엿한 오빠니까, 동생이 도움을 요청하면 어떻게 해야 할까?", "동생과 싸우지 않기로 했는데 약속을 어겼으니 서약서를 쓰자."라면서 말이에요. 국어뿐 아니라 사회, 과학에 등장하는 어휘도 생활 속에서 활용합니다. 들으면 들을수록 정확한 뜻을 알 수 있는 게 어휘이지요. 아이는 교과서에 등장하는 낱말을 엄마의 말속에서 접하며 다양한 사례를 배우고 활용하는 힘이 길러집니다.

둘째, 한자어를 사용합니다. 아이들이 어려워하는 어휘가 한자어지요. 우리말의 70% 이상이 한자어이지만 처음 접하는 아이들은 생소하기 마련입니다. 저는 아이와 대화할 때 한자어를 자주 사용합니다. "오늘 서울 전역에 대설주의보를 발효했대. 눈이 7cm나 온다니 아빠께 전화해서 퇴근길 교통안전에 주의하라고 말씀드리렴."처럼 일상에서 한자어를 자연스럽게 활용합니다. 1학년 때는 뜻을 몰라 하나씩 설명해야 했지만요. 아이는 어느 순간 아빠에게 전화해 엄마의 어휘를 활용하여 말하게 되었습니다.

아이는 사자성어도 자주 듣습니다. 동생이랑 다투는 날에는 '역지사지', '언행일치' 등의 말을 귀에 못 박히게 들었습니다. 동생이 자기 말을 안 듣고 딴청을 피울 때 큰아이가 "엄마, 동생이 완전 안하무인이에요. 마이동풍 하는 것 좀 보세요."라고 사자성어를 쓰는 말에 피식 웃음이 나왔습니다.

셋째, 속담을 넣어 말합니다. '가는 말이 고와야 오는 말이 곱다.', '백지장도 맞들면 낫다.' 등을 아이와의 대화에 활용합니다. 속담은 이야깃거리가 있어 더욱 좋아했어요. 왜 그런 뜻이 되었는지 설명해주면 흥미를 보였습니다. 속담에 크게 관심을 보이며 초등 저학년 땐 어린이 속담 사전을 마르고 닳도록 보기도 했습니다. 역시나 아이가 가장 좋아하는 속담은 '개똥도 약에 쓰려면 없다.'입니다.

엄마의 어휘력이 강력한 힘이 있는 이유는 풍부한 상호작용이 이루어지기 때문입니다. 학교에서 배우는 어휘는 아무래도 엄마의 것과 다르지요. 엄마의 어휘는 삶의 모습을 그대로 반영한 맥락적 어휘입니다. 뜬금없이 나오는 어휘가 아니라 아이의 생활, 흥미, 관심도에서 나오는 낱말입니다. 그렇기에 어떤 어휘보다 아이의 표현으로 나타나기 쉽습니다.

익혔으면 하는 어휘를 한 번 쓰고 마는 게 아니라 여러 번 활용하면 효과가 커집니다. 아기였을 때 '깡충깡충'을 수백 번도 넘게 했잖아요. 반복을 통해 아이 입에서 자연스럽게 나오도록 말입니다. 또하나, 어려운 어휘는 자주 들려주고 아이가 궁금해 하면 이해하기 쉽게 설명하세요. 저는 사전을 찾아가며 정확한 뜻을 말해주기도 합니다. 아이 보고 직접 사전에서 찾으라 하기도 하고요.

집에서부터 아이가 다양한 어휘 속에서 놀게 하세요. 아이 삶으로 스며드는 어휘는 어느새 아이의 말이 됩니다. 힘들여 외우지 않아도 지식이 됩니다. 어휘 문제집보다 효과가 분명합니다. 엄마의 말 습관을 점검하고 하나씩 실천해보세요.

믿음의 말

　중1 담임할 때 함께했던 두 아이와 그 아이들의 엄마가 생각납니다.

　반장선거가 있는 날이었어요. 둘 다 착실하고 공부를 잘하는 여자아이였습니다. 경미는 엄마가 전문 인쇄업체에 맡겨 반장선거 포스터를 준비했습니다. 공약을 발표하는 자리에서도 중1답지 않게 전문가 포스가 드러났습니다. 하지만 잘 짜인 대본과 어른스러운 제스처, 어느 하나 아이 몸에 어울리지 않았습니다. 연우는 모든 게 열네 살다웠습니다. 손수 만들어온 선거 포스터를 보고 반 아이들은 깔깔 웃어댔어요. 선거 공약을 발표하며 갑자기 아이가 노래를 불렀습니다. 우선 아이들의 호기심을 자극하고 이어 선거 공약을 조리 있게 말했습니다. 공약 발표 중간중간에 또래 아이들만 아는 재치 있는 농담을 섞어 말했어요. 반 아이들은 그 아이의 매력에 퐁당 빠지는 듯했어요. 결과는 말 안 해도 아시겠지요?

　두 아이는 학년 전체가 하는 '나의 꿈 발표대회'에서도 맞붙었습니다. 둘 다 자신의 꿈에 대해 발표 자료를 만들고 원고를 써왔습니다. 저는 경미가 써 온 원고를 보고 깜짝 놀랐습니다. 고등학생이 쓴 줄 알았어요. 지나치게 잘 다듬어진 문장과 완벽한 구성이었거든요. 반면 연우의 글은 서툴렀습니다. 하지만 자기 경험이 고스란히 보였습니다. 이번에도 예상하셨겠지만, 연우가 이겼습니다.

경미의 엄마는 아이를 과학고등학교에 보내고 싶다고 백방으로 뛰어다녔습니다. 엄마의 욕심에 아이는 점점 지쳐갔습니다. 엄마의 기대에 못 미치자 아이는 낙담했습니다. 연우도 자사고를 준비하는 아이였습니다. 학부모 면담에서 고등학교 진학 준비가 잘 되어 가고 있는지 묻자 연우 엄마는 "저는 잘 몰라요. 아이가 하는걸요."라고 대답했습니다. 학교에서 하는 글쓰기 대회, 각종 토론 대회, 발표 대회에서 상을 휩쓰는데 엄마의 입김은 하나도 없어 보였어요. 진로 상담하며 꿈을 물을 때도 두 아이의 말은 상반되었습니다. 경미는 "엄마가 교사가 좋다고 해서요.", 연우는 "제가 하고 싶은 거 하려고요. 요즘 작곡이 재미있어요."라고 말했습니다.

제가 보기에 경미는 엄마가 간섭하지 않고 믿어만 줬다면 재능을 더 펼칠 수 있는 아이였습니다. 분명합니다. 중1까지만 해도 글솜씨도 좋았고, 말하기에도 자신이 있었거든요. 경미는 학년이 올라갈수록 성적이 떨어졌고 앞에 나서는 것도 꺼렸습니다.

반대로 토론 대회에서 매번 1등을 하고 전교 회장까지 된 연우의 비결은 무엇일까요? 아이의 뒤에 든든하게 믿어주는 부모가 있었기 때문입니다. 토론 대회에서 1등을 하지 않아도 괜찮다고 다독이는 엄마, 자사고를 가고 안 가는 건 아이의 선택에 맡기는 부모, 아이의 꿈을 강요하지 않는 부모가 있었습니다.

아이를 키우다 보면 욕심이 생깁니다. 집에서 공부를 한다고 어느 순간 엄마가 아닌 선생님으로 변한 모습을 발견합니다. 엄마의 욕심은 아이를 믿지 못하는 언어로 나오고 말지요. 아이가 독서는 제대로 하고 있는지, 문제집을 건너뛰지 않는지 자꾸 의심의 말이 입 밖으로 흘러나옵니다. 더 잘하라고, 남들보다 더 뛰어나야 한다고 채찍의 말을 쏟아붓습니다.

아이는 믿는 만큼 자란다고 하지요. '내 아이는 경청하는 사람이다.', '내 아이는 자신의 주장을 당당히 말하는 사람이다.', '내 아이는 자존감이 높은 아이다.'라고 믿어주세요. 엄마가 믿는 만큼 아이는 성장합니다. 그리고 믿음을 말로 표현하세요. "오늘도 책임감 있게 독서 시간을 지켰구나.", "줄넘기선수가 되고 싶다니, 정말 멋진 꿈이구나. 너의 꿈을 응원해."라고 말이에요. 이미 기대 이상으로 잘하고 있는 아이들입니다.

큰아이는 두 번의 반장선거를 나가 두 번 다 실패했습니다. 아이가 나가고 싶어 나간 것이고, 공약 준비도 발표 준비도 아이가 했지요. 제가 한 것이라고는 "준비한 만큼 잘할 거야! 파이팅!"이라고 말해준 것밖에 없어요. 아이가 반장이 안 되어 실망했을 겁니다. 하지만 저는 믿고 있습니다. 실패도 아이의 몫, 견뎌내는 것 또한 아이의 의지라고요. 아이는 낙선에도 불구하고 다음번에도 반장선거에 나가겠다고 선언했습니다.

'망신당하면 어떡하지?', '이 말을 해도 될까?'라고 생각하며 자기 확신을 가지지 못하면 떳떳하게 말을 할 수 없습니다. 자기 자신에 대한 믿음 위에 당당한 태도와 큰 목소리가 나오지요. 엄마의 믿음의 말이 아이의 내적 신뢰를 만듭니다. 화를 내는 엄마도 좋다고 연신 "엄마, 사랑해요."라며 고백하는 아이들입니다. 온전히 엄마를 믿고 따르는 아이처럼 엄마의 믿는 마음도 적극적으로 보여주세요.

따라 하면 실력이 쑥쑥 느는 꿀팁
영어 말하기도 우리말처럼

언어를 익히기 위해서는 차고 넘치도록 들어야 합니다. 우리나라는 EFL^{English as a Foreign Language}인 만큼 엄마의 노력에 따라 아이의 듣기 노출 빈도는 달라집니다. 듣기가 일상이 되어야 말할 수 있습니다. 매일 영어가 집에서 흘러나오도록 환경을 조성하세요. 무슨 뜻인지는 몰라도 아이 입에서 저절로 'I am happy.'가 나올 수 있도록 말이에요. 초등 6학년까지 영어에서 가장 신경 써야 할 부분은 듣기, 또 듣기입니다.

듣기 먼저, 말하기는 나중에

아이 교육에 관심 있는 엄마들은 아이가 태어나자마자 영어 환경을 만든다고 합니다. 그래서인지 학교에서는 초3이 되어서야 영어를 배우지만, 교실 안 아이들의 영어 실력은 천차만별이에요. 초3에 알파벳도 모르는 아이, 늦은 걸까요? 걱정하지 마세요. 늦지 않았습니다. 어릴수록 좋다지만 초5여도 문제없습니다. 우리 아이들의 뇌는 스펀지 같아서 금방 흡수하고 익히기 시작합니다. 꾸준히만 한다면요.

영어를 잘하는 첫 번째 지름길은 넘치도록 듣기입니다. 영어 노래, 애니메이션 등 어떤 장르도 괜찮습니다. 영어 소리 환경을 만드세요. 하루 한 시간은 오로지 영어로 된 오디오가 집에서 흘러나왔으면 좋겠습니다. 더 많을수록 효과적이긴 한데요. 제가 해보니 다른 할 일이 많아서 그런지 1시간 이상 시간을 확보하기가 어려웠습니다. 그래도 1시간은 꼭 지키고 있습니다.

영어를 들을 때는 오디오만도 좋지만, 오디오와 영상이 함께 나오는 매체를 추천합니다. 영상이 사전의 역할을 하거든요. 영어 어휘를 모르는 아이들은 영상을 보고 문맥을 읽으며 뜻을 알아챕니다. 한국말로 번역은 하지 못해도 뜻을 유추해 냅니다. 한국말로 해석하지 마세요. 한글 자막은 영어 귀를 뚫는 데 도움이 되지 않습니다. 한글 자막 없이 듣습니다. 아이가 정 모르겠다고 하면 영어 자막을 트는 것도 괜찮아요. 영어 자막을 켜고 듣는 것은 앞서 소개한 집중 듣기의 효과도 있으니까요.

넷플릭스(www.netflix.com)나 디즈니플러스(www.disneyplus.com) 같은 유료 플랫폼은 아이의 나이별, 수준별로 다양한 영어 콘텐츠가 제공

됩니다. 아이의 수준과 취향에 맞는 영상을 찾아볼 수 있어 편리해요. 저도 매년 활용하고 있습니다. 콘텐츠는 아이가 고릅니다. 아이 취향에 따라 보면 됩니다. 아이가 어려운 걸 골랐다고 염려하지 마세요. 아이도 알아듣지 못하면 끝까지 보지 않습니다. 다른 재미있는 걸 찾으니 아이에게 맡기세요.

1년쯤 듣고 또 들어도 아이 입에선 아무 말도 나오지 않을 거예요. 정상입니다. 엄마의 말하기에 대한 성급한 기대는 영어 습득을 하는 데 걸림돌이 됩니다. 그러니 괜한 기대 마세요. 때가 되면 엄마가 시키지 않아도 아이들은 해냅니다.

심리학자 앤더스 에릭슨은 "어떤 분야의 전문가가 되기 위해서는 최소 1만 시간의 훈련이 필요하다."라며 '1만 시간의 법칙'을 말했습니다. 매일 3시간씩 10년을 투자해야 하는 시간이에요. 모국어를 말하고, 읽고, 쓰게 되는 데도 1만 시간의 임계점을 채운 시점이에요. 하물며 영어는요, 여덟 살에 시작해 1년 동안 영어 소리를 들려줬다고 해도 매일 1시간씩 정도이니 모국어를 배우는 돌쟁이 아기에 비할 수 없습니다. 느긋한 마음으로 기다리세요. 포기하지 않고 꾸준히 하는 사람만이 빛나는 결과를 얻습니다.

초1부터 했다면 중학년 즈음엔 애니메이션에 나온 말을 그대로 말하는 아이의 모습을 발견할 거예요. 엄마가 영어를 잘해서 영어로 받아 쳐주면 좋으련만, 저는 그저 한국말로 답해줬어요. 꾸준히 영어를 듣다 보면 영어는 아이의 일상이 됩니다. 보드게임을 하며 영어가 툭 튀어나오고, 어떨 때는 급한 마음에 한글보다 영어가 먼저 말로 나오게 됩니다. 듣기에 먼저 집중하세요. 들어가는 게 있어야 나옵니다. 말하기는 나중입니다.

매일 말하기 연습

영어 회화 중요하지요. 옆집 아이가 어학원에서 배운 영어를 쏼라쏼라 말하면 마음이 더 불안합니다. 외국인이라도 만나면 자유롭게 말하는 게 우리 세대에서 영어 잘하는 기준이었으니까요. 저도 성격 급한 엄마라서요. 아이가 빨리 영어로 말했으면 좋겠습니다. 그래서 아이의 발화를 기다리지 못하고 매일 하는 활동이 있습니다.

낭독입니다. 매일 아이가 읽은 영어 원서 중 마음에 드는 부분을 골라 10분간 소리 내어 읽습니다. 녹음까지 하고 싶지만, 아이가 싫어해서 하지 않아요. 그냥 읽으면 끝입니다. 발음, 악센트의 지적은 없습니다. 어떤 교정도 하지 않아요. 목소리 내어 읽었으면 됐습니다.

소리 내어 읽기는 언어 능력에 큰 이점이 있습니다. 메이지대학 교육학부에 소속해 있는 사이토 다카시 교수는 《소리 내어 읽고 싶은 일본어》라는 책에서 "낭독을 하면 사려 깊게 되고, 임기응변에 대처할 수 있으며 언어생활도 윤택해질 수 있다."라고 말했습니다. 낭독의 효과는 뇌를 통한 연구에서도 밝혀졌지요. 토후쿠 대학의 가와시마 교수는 낭독할 때 뇌 신경세포의 70% 이상이 반응하며 뇌가 단순히 읽기를 할 때보다 활발하게 활동한다고 했습니다.(낭독은 3 배의 학습 효과/한국교육신문/2017.04.11.)

낭독은 시각, 청각을 동시에 자극합니다. 구술 언어와 문자 언어와의 관계를 분명하게 파악하는 활동입니다. 읽기 능력뿐 아니라 표현 능력인 말하기에도 효과가 있습니다. 특히 낯선 발음, 억양을 배워야 하는 외국어에서 낭독은 언어 구사 능력을 키우는 데 좋은 방법입니다. 아이는 책을 소리 내어 읽으며 자기 말하기를 듣게 됩니다. 처음에는 더듬더듬 읽더라도 매일 하다 보면 점점 발음이 자연스러워지고 속도도 붙기 마련입니다. 감정을 이입하는 읽기가 가능해집니다. 아이의 낭독은 흘려듣기, 집중 듣기에서 들었던 발음과 억양을 닮아갑니다. 현실 속 말하기에서도 낭독했던 소리대로 나타납니다. 아이가 크게 거부감이 없다면 하루 5분이라도 낭독하길 추천합니다. 꾸준히 소리 내어 읽는 습관은 아이가 영어로 말하는 데 자신감을 심어줄 거예요.

고학년이 되면 토론이 가능해집니다. 모국어로 토론이 가능한 만

큰 영어로 토론의 기회를 주는 것도 좋습니다. 학원을 활용하거나 사교육을 하는 것도 괜찮습니다. 또는 초등 내내 모국어처럼 영어를 습득한 아이들끼리 모여 토론 동아리를 만드는 건 어떨까요? 일주일에 한 번씩 주제를 정해 영어로 토론합니다. 하나의 책을 읽고 책과 관련한 이야기를 나누는 것도 좋습니다. 국어와 마찬가지로 토론을 위해 자료조사는 필수입니다. 영어를 도구로 생각을 나누는 활동입니다. 영어 말하기 능력도 신장하고 토론 능력도 키울 수 있습니다.

• 초등 영어 듣기 · 말하기 습관의 큰 그림 •

		1~2학년	3~4학년	5~6학년
듣기	흘려듣기	1시간 이상	1시간 이상	1시간
	영역	영어 노래, 애니메이션	애니메이션, 팝송	드라마, 논픽션, 다큐멘터리
	목표	흥미 높이기	꾸준히 듣기	듣기 영역 확장하기
	듣기 원칙	아이가 좋아하는 영상 보기 아웃풋에 조급해하지 않기		
말하기	시간	매일 10분	매일 10분	주 1, 2회 20분
	방법	원서 낭독	원서 낭독	토론
	목표	부담 없이 말하기	꾸준히 말하기	의사소통하기
	말하기 원칙	말하기 실력이 영어 실력이라고 단정 짓지 않기 아이의 취향을 존중해서 말하기 확장하기		

영어 말하기의 핵심은 국어처럼 결국 형식보다 내용입니다. 지금 당장 영어 회화를 못 한다고 초조해할 필요가 없습니다. 아이가 독서를 단단히 하고 지식이 쌓여 있어야 말할 거리도 많아지는 법입니다. 하루 10분 낭독만으로도 탁월한 말하기 연습이 됩니다. 영어를 일상으로 만드는 게 열쇠입니다. 아이가 지치지 않아야 오래 갈 수 있습니다. 아이의 관심사를 찾아보세요. 아이가 재미있는 책이어야 소리 내어 읽을 맛도 납니다.

Part 4

실력이 되는
논술

01

논술의 바탕은 글쓰기

효과적으로 논술 실력 키우기

일런의 읽기, 듣기, 말하기, 쓰기 과정 중 읽기와 듣기는 인풋Input에 해당합니다. 말하기와 쓰기는 아웃풋Output입니다. 인풋은 입력의 과정입니다. 아웃풋은 출력으로 표현 활동입니다. 인풋이 없으면 아웃풋은 절대 나오지 않습니다. 충분한 읽기와 듣기가 있어야 제대로 된 말하기와 쓰기로 이어집니다. 더욱이 쓰기는 말하기와 달리 생각이 드러나도록 문장을 알맞게 배열해야 하는 과정을 거치기에 고도의 역량이 필요하지요.

글자를 아는 사람이라면 누구나 글을 쓸 수 있지만, 아무나 통찰력이 돋보이는 글을 쓰기는 어렵습니다. 글자만 채운다고 읽고 싶은 글이 되지 않지요. 정확한 사실, 새로운 내용, 창의적인 생각, 생각해 볼 만한 이슈 등이 글에 녹아 있어야 합니다. 주제에 맞는 일관된 사고의 흐름, 미려한 표현력, 명확한 어휘의 사용도 글의 맵시를 높여줍니다.

인풋이 쌓인 만큼 아웃풋이 나오기에 글쓰기는 아는 만큼 씁니다. 감정이나 생각도 마찬가지예요. 자신의 감정을 들여다볼 줄 알아야 하며, 자신의 의견에 관한 근거가 수반되어야 문장으로 표현됩니다. 글을 잘 쓴다는 의미는 내가 가진 지식을 바탕으로 생각을 논리적으로 풀어낸다는 뜻입니다. 머릿속에 가득가득 재료가 있어야 꺼내서 일품요리를 만들 수 있습니다. 아이의 지식과 경험이 쌓여야 글도 탄탄해집니다.

그렇기에 글쓰기의 짝꿍은 첫째도 둘째도 읽기입니다. 읽기가 선행되어야 글쓰기 실력도 따라옵니다. 문학책도 읽어야 하지만, 교과서 읽기도 꼼꼼하게 챙겨야 합니다. 교과서는 아이들이 알고 있어야 할 지식의 기본입니다. 앞으로 있을 서·논술형 평가를 위해서라면 더욱 챙겨야 합니다. 다양한 읽기를 통해 아이들은 지식을 습득하고 글을 읽고 이해하는 문해력이 좋아집니다. 문장의 구조도 자연스럽게 알게 됩니다.

읽기 이외에도 부모님과의 대화를 통해 자기 생각과 의견을 표현해본 아이는 글로도 자신을 표현할 수 있습니다. 아이는 부모가 말하는 양질의 어휘와 생각을 듣고 자기 생각을 이끄는 부모의 질문에 귀를 엽니다. 생각의 꼬리를 물고 사고는 깊어지지요. 한두 마디로 말했던 문장은 점점 인과 관계를 담아 논리적으로 말합니다. 솔직한 생각과 감정을 말해 본 만큼 글로도 자신 있게 쓰게 됩니다. 풍부하게 생각하고 말한 경험은 자기 삶과 연관하여 유의미한 글쓰기의 밑바탕이 됩니다.

초1과 초6의 글은 확연한 차이를 보입니다. 문장의 구성이나 생각의 깊이가 완전히 달라요. 논술 쓰기를 초등 고학년이나 되어서야 시도해야 하는 이유입니다. 일반적으로 논술이라고 하면 어떤 것에 관하여 의견을 논리적으로 서술하는 것을 말합니다. 논술형 평가에 쓰이는 논술도 이에 해당합니다. 논술을 쓰기 위해서는 핵심 내용을 이해하는 독해력, 자기 생각을 담는 비판적 사고력이 필수입니다. 보통의 저학년 아이가 절대 쓸 수 없어요. 순리대로 아이의 인지발달이 이루어지고 충분한 인풋이 있어야만 제대로 된 논술을 쓸 수 있습니다.

들어간 것이 없는데 나오기를 기대하지 마세요. 읽어야 쓰고 들어야 말할 수 있습니다. 논술 쓰기는 맨 마지막입니다. 잘 먹고 잘 자면 아이의 몸도 크듯이 잘 읽고 잘 들으면 아이의 머리도 커 있습니다. 운동으로 인해 몸에 점점 근육이 붙듯 생각하는 기회를 주고 경험을 넓혀주면 아이의 머리에는 문해력, 사고력, 창의력이 붙습니다. 건강하고 의미 있게 쓰는 몸이 맨 마지막이듯 지혜와 사유가 넘치는 글은 첫술에 절대 되지 않습니다.

형식적인 방법만을 익힐 거라면 글쓰기를 꾸준히 할 필요 없습니다. 실력이 늘어나는 과정을 이해하고 효과적으로 글쓰기 실력을 키우세요. 저학년부터 완벽한 문장과 생각을 기대하지 마세요.

논술 능력 이상의 글쓰기 효과

초등학교 때 일기를 매일 썼던 기억이 납니다. 학기 중 숙제는 물론 방학 숙제로도 일기를 매일 썼지요. 일기를 써서 내면 담임 선생님이 코멘트를 달아주었습니다. 나이가 들며 이사를 할 때마다 챙겨가던 수십 권의 일기장이 눈에 선하네요.

초등 시절엔 일기 검사가 그렇게 싫더니, 중학생이 되어 누가 시키지 않아도 글을 썼습니다. 엄마에게 서운했던 날, 친구와 작은 오해로 다퉜던 날, 억울하게 선생님께 혼났던 날은 자물쇠가 있는 일기장에 글로 남겨두었습니다. 기쁨, 슬픔, 화남, 외로움 등 내 안의 모든 감정을 토해내듯이 일기를 썼습니다. 엄마가 몰래 보는 줄 알면서도 계속 일기장을 채워갔어요.

돌이켜보니 우리는 매일 글을 썼습니다. 그때는 서·논술형 평가도 없었는데 매일 글을 썼습니다. 당시 초등학교 선생님은 알고 계셨나 봅니다. 매일 글을 쓰면 글을 쓰는 아이로 자랄 것이라는 걸요. 글쓰기의 실력 향상을 위해서 매일 일기를 쓰게 하지 않았을 겁니다. 중학교에 가서 공부 잘하라고 그 힘든 일기 검사를 하지 않았을 거예요.

공부 머리를 만들어주는 필살기, 사회생활에 성공하기 위한 덕목, 인공지능 시대에 필수 역량 등 글쓰기 능력을 길러야 할 이유는 분명합니다. 하지만 거창한 이유가 아니라도 글쓰기가 일상이었던 우리의 어린 시절을 되짚어보세요. 공부에 지친 학창 시절, 삶의 동반자로 글쓰기가 나를 위로해 주고 응원해주었던 나날들을 발견할 수 있습니다.

글쓰기에 대한 치유 효과는 이미 심리치료 기법으로 활발하게 사용되고 있습니다. 속상한 일이 있을 때 친구에게 말로 표현하면 기분이 한결 가뿐해지는 것과 비슷합니다. 친구에게 말조차 꺼내기 힘든 상황이라면 글쓰기는 누구보다 내 이야기를 잘 들어주는 벗이지요. 글쓰기를 통해 자기에게 문제를 묻고, 감정을 솔직하게 표현하게 됩니다. 위기를 어떻게 극복할 것인지 다짐하는 계기가 되기도 하지요.

우리의 초등학교 선생님은 이 또한 알고 있었을 겁니다. 일기를 통해 자기 내면을 바라보는 힘을 기를 수 있다는 것을요. 기록의 의미 이상으로 매일 나의 내면을 들여다보는 기회를 주었습니다. 내속의 느낌, 감정, 경험을 살피는 방법을 가르쳐주었습니다. 갈등 상황을 극복하고 마음을 조절하는 법을 알려주었습니다.

열 살이 된 큰아이가 저에게 크게 혼이 난 날이 있었습니다. 아이는 A4 용지를 가져가더니 방문을 쾅 닫았습니다. 저도 화가 나서 무엇을 하는지 신경 쓰지 않았습니다. 몇 시간 후 아이 방을 정리하다 보니 구겨진 종이가 있었습니다. 종이에는 엄마에 대한 원망의 글이 가득했어요. 화난 솔직한 감정을 뾰족한 글씨체로 써두었습니다. 마지막엔 '엄마 말이 맞지. 엄마 말대로 해야지.'라는 다짐의 글이 쓰여 있었어요. 누가 시키지도 않았는데 말이지요. 화가 났을 때 글을 쓰니 기분이 어땠는지 아이에게 물었습니다. 아이는 "엄마, 이상하게 마음이 풀렸어요."라고 말했습니다.

어른조차 속상한 일이 있으면 유튜브 영상부터 켭니다. 영상이 익숙한 아이들도 그렇습니다. 그러면 제때 감정을 풀지 못하고 쌓이기만 하지요. 문제 해결이 아니라 문제를 회피하는 겁니다. 글쓰기는 다릅니다. 내 감정을 쏟아내고 스스로 갈등을 해결하려는 방안에 관해 생각합니다. 나치의 핍박 속에 일기를 쓴 안네처럼 말이에요. 아이에게 글쓰기가 마음을 털어놓을 참다운 친구가 되길 바랍니다.

02

초등 글쓰기 습관의
큰 그림

글쓰기의 목표 정하기

듣기, 말하기, 읽기, 쓰기로 통틀어지는 국어영역 중 최상위 영역은 '쓰기'입니다. 그만큼 어렵습니다. 글쓰기를 좋아하는 아이는 거의 없습니다. 아이가 인상 쓰지 않고 편안하게 쓰는 게 우선입니다. 그러니 채근하지 말아야 해요. 아이의 수준에 맞게, 발달 상황에 맞게 진행해야 합니다. 빨리 가려다 멀리 가지 못합니다. 초1에 글자 쓰기를 시작해도 초6이 되어서야 설득하는 논설문을 쓸 수 있습니다. 아이의 생각이 커지는 만큼 글재주도 커진다는 걸 기억하세요. 아이에 대한 과도한 기대는 버리고 글쓰기를 실천하세요.

• 2015 개정 교육과정 국어과 중 '쓰기' 영역 •

핵심 개념	일반화된 지식	학년(군)별 내용 요소					기능
		초등학교			중학교 1~3학년	고등학교 1학년	
		1~2학년	3~4학년	5~6학년			
▶ 쓰기의 본질	쓰기는 쓰기 과정에서의 문제를 해결하며 의미를 구성하고 사회적으로 소통하는 행위이다.			·의미 구성 과정	·문제 해결 과정	·사회적 상호작용	·맥락 이해하기 ·독자 분석하기 ·아이디어 생산하기 ·글 구성하기 ·자료·매체 활용하기 ·표현하기 ·고쳐쓰기 ·독자와 교류하기 ·점검·조정하기
▶ 목적에 따른 글의 유형 ·정보전달 ·설득 ·친교·정서 표현 ▶ 쓰기와 매체	의사소통의 목적, 상황, 매체 등에 따라 다양한 글 유형이 있으며, 유형에 따라 쓰기의 초점과 방법이 다르다.	·주변 소재에 대한 글 ·겪은 일을 표현하는 글	·의견을 표현하는 글 ·마음을 표현하는 글	·설명하는 글 [목적과 대상, 형식과 자료] ·주장하는 글 [적절한 근거와 표현] ·체험에 대한 감상을 표현한 글	·보고하는 글 ·설명하는 글 [대상의 특성] ·주장하는 글 [타당한 근거와 추론] ·감동이나 즐거움을 주는 글 ·매체의 특성	·설득하는 글 ·정서를 표현하는 글	
▶ 쓰기의 구성요소 ·필자·글·맥락 ▶ 쓰기의 과정 ▶ 쓰기의 전략 ·과정별 전략 ·상위 인지 전략	필자는 다양한 쓰기 맥락에서 쓰기 과정에 따라 적절한 전략을 사용하여 글을 쓴다.	·글자 쓰기 ·문장 쓰기	·문단 쓰기 ·시간의 흐름에 따른 조직 ·독자 고려	·목적·주제를 고려한 내용과 매체 선정	·내용의 통일성 ·표현의 다양성 ·대상의 특성을 고려한 설명 ·고쳐쓰기 [일반 원리]	·쓰기 맥락 ·고쳐 쓰기 [쓰기 과정의 점검]	
▶ 쓰기의 태도 ·쓰기 흥미 ·쓰기 윤리 ·쓰기의 생활화	쓰기의 가치를 인식하고 쓰기 윤리를 지키며 즐겨 쓸 때 쓰기를 효과적으로 수행할 수 있다.	·쓰기에 대한 흥미	·쓰기에 대한 자신감	·독자의 존중과 배려	·쓰기 윤리	·책임감 있게 쓰기	

출처 : 교육부 고시 제2015-74호[별책 5] 국어과 교육과정

큰아이는 글쓰기를 날마다 하고 있습니다. 초2 여름방학 때부터입니다. 교육에 열혈 엄마이지만 때를 기다렸습니다. 아이가 문장을 쓰고 쓰기에 흥미를 느낄 때를요. 아직 읽기 독립도 하지 못한 아이에게 매일 글쓰기를 시킨다는 건 엄두도 내지 못했습니다. 초2 때 다섯 줄의 일기 쓰기를 시작으로 초4가 된 지금은 신문 기사를 읽고

20줄 공책의 한바닥을 채우고도 넘는 글을 씁니다. 빨리 달려봐야 넘어질 게 뻔합니다.

초1 쓰기의 가장 큰 활동은 '글자 쓰기'입니다. 쓰기에 대한 흥미를 높이는 것만으로도 충분한 시기입니다. 굳이 집에서 다른 활동을 하지 않아도 됩니다. 3학년부터는 공부량이 많아지기에 쓰기에 대한 필요성도 늘어납니다. 쓰기에 자신감이 없으면 공부에 의욕을 잃을 수도 있으니 만만하게 할 수 있는 글쓰기를 시도해보세요. 다양한 표현이나 추론을 바탕으로 한 글쓰기는 아직입니다.

글쓰기가 탄탄한 아이는 고학년이 되면 웬만한 어른의 글보다 탁월한 글을 씁니다. 배경지식이 쌓이고, 종합적 사고가 가능해진 덕분인데요. 글쓰기 실력이 단계에 맞게 늘어야 가능한 일입니다.

아이에게 글쓰기를 시키면서 큰 욕심은 없습니다. 엄마가 대단한 논술지도사도 아니기에 맛깔나게 쓰는 기술을 가르치는 데 서툽니다. 아이가 생각을 문자로 표현한다는 데 집중합니다. 그리고 글밥이 늘어나는 독서를 했듯이 쓰기의 글밥도 한 줄 한 줄 늘려나갑니다.

	1~2학년	3~4학년	5~6학년
쓰기 시간	주중 5분 내외	월~목 10분	월~목 10분
쓰기 수준	1줄~5줄	5줄~20줄	20~30줄(1,000자 이상)
쓰기 종류	글자 쓰기, 일기	자유 쓰기, 신문 활용 글쓰기	신문 활용 글쓰기, 논설문
쓰기 목표	쓰기에 대한 흥미 높이기	쓰기 자신감 높이기	쓰기의 습관화
	부담 없이 쓰기	생각하며 쓰기	주장, 근거를 들어 쓰기
쓰기 원칙	아이의 발달 단계에 맞추어 글쓰기 아이의 흥미에 맞는 주제로 쓰기 생각하며 쓰게 하기 아이의 글에 지적하지 않기		

아이들이 글쓰기를 싫어하는 가장 큰 이유는 엄마의 지적입니다. 글쓰기는 전문 작가도 어려워합니다. 그 어려운 걸 엄마가 하라고 하니깐 꾸역꾸역하는 아이들이에요. 써온 글을 보며 '글씨체가 뭐냐, 맞춤법이 틀렸다.'라고 자꾸 지적하면 아이들은 다음 글쓰기가 두려워집니다. 어차피 써봤자 칭찬은커녕 핀잔만 들으니까요.

제 글쓰기 철칙은 '아이의 글을 비평하지 말자.'입니다. 아이의 글이 완벽한 날은 없습니다. 무조건 칭찬하세요. 대충 쓰던 아이도 엄마의 칭찬에 '다음엔 더 정성 들여 써봐야지.'라며 다짐합니다. 수도꼭지를 틀지 않으면 물이 나오지 않습니다. 생각의 수도꼭지를 잠그지 마세요. 뭐라도 쓰고 있으면 됩니다.

03

쓰고 싶은
환경 만들기

날마다 쓰기

글쓰기는 고도의 집중력을 요구합니다. 온전히 집중하지 않으면 생각이 떠오르지 않습니다. 글을 쓰는 동안 머릿속에서는 계속 아이디어를 생산해내고 손으로는 문장을 써 내려가야 하지요. 책을 써보니 알겠습니다. 이런 중노동이 없습니다. 엄마라고 해도 쉽게 글이 써지지 않습니다. 어쩔 수 없이 매일 아침 책상에 앉습니다. 쩔쩔매면서도 타닥타닥 글을 씁니다.

어니스트 헤밍웨이는 "모든 문서의 초안은 끔찍하다. 좋은 글을 쓰기 위해서는 죽치고 앉아서 그저 쓰는 수밖에 없다. 나는《무기여

잘 있거라》를 마지막 페이지까지 총 서른아홉 번을 새로 썼다."라고 말했습니다. 대문호들에게도 글쓰기는 이렇게 곤욕입니다. 엉덩이 싸움이라고 말하지요. 명문이든 쓰레기든 매일 쓰고 글을 채워나가라고 합니다. 그래야만 더 좋은 글을 쓸 수 있다고 언급합니다.

아이에게 매일 글쓰기의 경험을 만들어주세요. 매일 쓰는 게 쉽지만은 않습니다. 작가도 아니고, 학교에서 배우는 필수 공부도 아니니까요. 그리고 홀로 이뤄내야만 하는 외로운 활동이거든요

습관이 들기까지 엄마가 옆에서 동행해주세요. 저는 아이의 글쓰기 습관을 들이는 한 1년간은 아이와 같은 책상에 앉아 있었습니다. 아이가 좋아하는 간식을 옆에 두고 아이와 글쓰기 주제에 관해 대화를 나누었습니다. 아이에게 '써라.'라고만 명령하면 아이는 막막합니다. 무엇을 써야 하는지, 어떻게 써야 하는지 모릅니다. 생각이 정리되지 않았는데 글자로 표현하기는 어렵지요. 엄마가 생각이 정리될 수 있도록 주제에 관해 질문을 하고 대화를 나누면 아이는 어느 정도 머릿속이 정돈됩니다. 한 문장을 쓸 용기가 생깁니다.

처음 글쓰기를 하며 30분 동안 생각이 머무를 수도 있습니다. 재촉하지 말고 기다려주세요. 아이가 자신감을 가지고 부담 없이 쓸 수 있게 격려합니다. 글쓰기의 목적은 생각하는 힘에 있다는 걸 잊지 마세요. 당장 빨리 쓴다고 잘하는 게 아니잖아요. 처음엔 시간이 걸려도 점점 생각하는 훈련이 되면 글을 쓰는 데 걸리는 시간도 줄어듭니다. 아이의 생각하는 시간을 존중해주세요. 한 문장을 뱉어

도 좋으니 생각하는 습관을 잘 들이는 것이 현명합니다.

읽기 독립보다 어려웠던 게 글쓰기 습관 들이기였습니다. 책은 엄마가 읽어줄 수 있지만, 생각은 대신해 주기가 불가능하기 때문이에요. 그만큼 정성을 들여 매일 글 쓰는 습관을 만들어주세요. 아이가 할 수 있는 양부터 시작합니다. 글을 쓰고 난 후엔 "이런 생각을 다 했어?"라며 아이를 쓰다듬어 주세요.

어느 정도 습관이 들면 글쓰기도 독서와 마찬가지로 양치질하듯 자동으로 굴러갑니다. 아이의 생각도 무럭무럭 자라고 문장의 개수도 늘어나지요. 아이의 글쓰기 노트도 두둑하게 쌓여 포트폴리오가 됩니다. 아이는 그동안 자기가 쓴 글을 보며 뿌듯해합니다. 글쓰기를 잘하고 못 하고는 상관없습니다. 매일 썼느냐가 중요합니다. 엉덩이의 힘으로 말이지요.

신나게 쓰기

아이들이 게임을 좋아하는 이유는 간단합니다. 재미있으니까요. 사람의 본능입니다. 재미있으면 몸이 힘들어도 몇 시간이고 할 수 있습니다. 글쓰기를 매일 이끄는 힘은 재미에 있습니다. 아이가 재미있어야 쓸 맛이 납니다. 쓰면 쓸수록 재미있고 '나 좀 쓰는데?'라며 만만하게 덤빌 수 있습니다.

어렵고 힘든 글쓰기를 재미있게 하는 방법은 유명 글쓰기 선생님보다 엄마가 더 잘 알고 있습니다. 아이의 성향, 취향, 성격을 제일잘 아는 사람은 엄마입니다. 읽기 능력, 쓰기 수준, 사고력 정도를가장 잘 꿰뚫고 있는 사람도 엄마이지요. 정답은 내 아이에게 있습니다. 기준을 아이에 두어야 합니다.

2장에서 독서를 설명하며 '권리와 의무'에 대해 얘기했습니다. 쓰기도 똑같습니다. 날마다 쓰기를 의무로 정했지만 쓰기에 대한 권리는 아이에게 있습니다. 아이가 쓰고 싶은 주제, 글의 형태는 아이가 정합니다. 인지발달 단계에 맞춰 큰 테두리 영역은 엄마가 제공해도 글의 형식에는 관여하지 않습니다.

제 사례를 말씀드리겠습니다. 2학년이면 보통 일기 쓰기를 하는데, 큰아이는 유독 일기 쓰기를 싫어했습니다. 여러 주제를 두고 일기를 써보기 권유했지만 힘들어했습니다. 그래서 일기를 몇 번 쓰다 신문을 활용한 글쓰기를 시작했어요. 사회 돌아가는 일에 관심이 많은 아이여서인지 지금까지도 매우 흥미롭게 글쓰기를 이어가고 있습니다. 가끔 일기를 쓰고 싶을 땐 일기를 쓰고, 직접 만든 발명품에 대한 설명서를 쓰기도 합니다.

아이가 좋아하는 분야, 쓰고 싶은 주제로 글쓰기에 재미를 더해주세요. 글의 종류는 사실 크게 신경 쓰지 않아도 됩니다. 주제와뒷받침 문장을 나열하는 논술의 형식은 일기문, 설명문, 논설문, 독후감 등 대부분의 글쓰기와 일맥상통하니까요. 자기가 쓰고 싶은 글을 만만하게 써본 아이가 독후감도 비평문도 잘 씁니다.

아이가 글을 쓸 때는 가벼운 마음이어야 해요. 거리낌 없이 문장을 써야 합니다. 엄마 눈치 보지 않고요. 솔직하게 쓰는 글이 최고의 글입니다. 아이가 서툴러도 아이만의 감성과 생각으로 쓰도록 내버려 두세요. 아이는 쓰고 또 쓰며 스스로 고쳐나갑니다.

모든 공부가 그렇겠지만, 아이보다 앞선 엄마의 발걸음은 아이의 글쓰기를 방해합니다. 내일모레 대입 논술을 보는 것도 아닌데 성급한 엄마의 마음이 아이의 글쓰기를 주저앉게 만들지요. 그렇다면 차라리 글쓰기 학원에 보내는 게 나을지도 몰라요.

2015 개정 교육과정에서 제시하는 초3~4학년의 쓰기의 성취 수준은 '친숙한 소재로 활용하여 글을 쓰면서 쓰기에 자신감을 가지고 쓴 글을 사람들과 나누는 태도를 기르는 데 있다.'라고 제시하고 있습니다. 아직 글쓰기를 충분히 경험하지 못한 아이들에게 비평하는 글부터 쓰라고 하는 건 이제 막 아장아장 걷는 아이에게 100m 달리기를 하라는 것과 같습니다. 기다려주세요. 초4까지는 아이가 쓰고 싶은 말을 자유롭게 쓰게 하세요. 그래야 초5~6학년의 성취 수준인 목적과 내용에 맞게 다양한 글을 쓸 수 있는 수준에 다다릅니다.

재미있게 글쓰기를 하려면 아이 취향, 수준에 맞는 주제가 선행되어야 합니다. 루틴의 힘으로 글쓰기 실력을 올리겠다고 마음을 먹었다면 내 아이를 중심에 두는 것이 맞습니다. 기적처럼 하루아침에 글쓰기 실력이 오르리라는 환상은 버리세요. 자칫 욕심내다

애먼 아이만 잡습니다. 아이는 자유롭고 신나게 글을 쓰며 글쓰기의 진정한 맛을 알게 됩니다. 재능으로 발현되어 주변에서 인정받을지도 모르겠습니다. 그냥 꾸준히 룰루랄라 쓰는 겁니다. 오늘도 내일도.

★ 04 ★

글쓰기
준비하기

1학년의 글쓰기

초1, 글쓰기 하지 마세요.

글쓰기에도 기초체력이 있어야 합니다. 기본 없이 글쓰기가 될
수 없어요. 초1은 글쓰기를 위한 기초체력을 키우는 시기입니다. 교
과서를 펼쳐만 봐도 알 거예요. 이제 막 한글의 자음과 모음을 배웁
니다. 한글의 구성 원리를 알아가고 있어요. 손에 힘을 주고 글씨
쓰는 법을 배웁니다.

유치원을 졸업하고 초등학생이 되었다고 훌쩍 크지 않았습니다.
교과서도 초1, 2학년은 유치원에서 배웠던 누리과정의 연장선에 있어요. 아이는 아직 쓸 준비가 되지 않았는데 문장부터 쓰라고 하면 당황합니다. 초1 때 글쓰기 잘한다고 고1까지 가지 않습니다. 괜히 엄마 의욕이 앞서 글쓰기를 시켰다가 아이와 사이만 나빠지고 글쓰기를 싫어하게 될 수 있어요.

학교에서 하는 국어 활동을 잘 따라간다면 1학년은 어떤 글쓰기 활동도 필요하지 않습니다. 아이에게 글쓰기를 시킬 게 아니라 아이의 교과서를 눈에 불을 켜고 살펴보세요. 아이가 빈칸에 알맞게 낱말을 쓰는지, 문장 부호를 적절하게 활용하고 있는지 확인하세요. 교과서에 있는 어휘를 정확하게 이해하고 있는지 묻고 모르면 가르쳐주는 게 먼저입니다.

글쓰기에 시간을 쓸 게 아니라 독서에 집중하세요. 글밥을 늘려가며 동화책을 스스로 읽을 수 있게 도와줘야 합니다. 읽기가 쌓여야 문자로 표현할 수 있어요. 능력이 되지 않는 아이에게 억지로 몇 문장 쓰게 하는 것보다 독서의 양을 늘리는 게 앞으로 글쓰기 실력이 늘어나는 지름길입니다.

큰아이가 1학년 때는 전혀 글쓰기를 하지 않았습니다. 자발적으로 글을 쓴다면야 두겠지만 억지로 시키고 싶지 않았습니다. 시간 대비 효과를 보기 어렵다고 판단했습니다. 대신에 학교 국어 공부는 꼼꼼히 확인했어요. 국어 교과서를 보며 아이가 수업을 제대로 따라가는지 제 눈으로 점검했습니다. 부족한 게 있으면 함께 읽어보고, 공책에 학습 내용을 다시 써보기도 했어요. 학교에서 받아쓰기 숙제를 내주면 집에서 충분히 써보며 연습했습니다.

쓰기는 읽기 능력에 비교하여 발달이 늦다는 점을 유념하세요. 교과서를 부드럽게 읽고 이해하여도 아직 쓰기는 어렵습니다. 말은 청산유수처럼 해도 생각을 글자로 옮기기란 쉽지 않습니다. 초1에는 학교 수업만 잘 따라가도 아이는 점차 문장으로 글을 쓸 실력을 갖춥니다. 늦된 아이라면 2학년까지도 글쓰기를 추천하지 않습니다. 우리보다 훌륭한 글쓰기 선생님이 학교에 있는 걸요. 학교에서 하는 활동을 더욱 챙겨주세요. 앞으로 써야 할 날은 무궁무진합니다. 초1 때 시작하지 않았다고 아무 일도 일어나지 않아요. 반면 엄마 강요에 하는 글쓰기는 아이에게 글쓰기 흥미를 떨어뜨립니다. 그럴 바엔 충분히 책을 읽어주세요.

글쓰기에 마음 열기

아이가 읽기 독립을 하고 100쪽 가까이 되는 동화책을 엄마 도움 없이 읽는다면 글쓰기를 시도해도 좋습니다. 아이는 학교에서 글자 쓰기, 낱말 쓰기를 거쳐 문장 쓰기를 경험했습니다. 수업 시간에 서너 문장을 써봤을 겁니다. 맞춤법이 자주 틀리지만 괜찮습니다. 차차 나아질 테니까요.

아이의 읽기 수준을 가늠하여 글쓰기를 해봅시다. 큰아이와 글쓰기를 시작하며 글쓰기를 하는 이유에 대해 말했습니다. 학교 숙제로 부담스러운 글쓰기를 집에서 해야 한다고 하니 반기지 않는 눈치였거든요. "글을 쓰면 생각이 자란단다. 일기를 쓰면 너의 생각과 감정을 정리할 수 있어. 때로는 머릿속으로만 생각한 것을 기록으로 남길 수도 있지. 글쓰기를 꾸준히 하면 학교에서 수업을 들을 때도 자신감이 생겨." 등등 아이의 동의를 얻어 글쓰기를 시작했습니다.

매일 하는 글쓰기라 숙제처럼 느낄 수 있기에 글쓰기가 어렵지 않고 힘들지 않다는 인식이 필요합니다. 한 문장 한 문장 만들며 쉽지는 않겠지만 쓰고 나면 뿌듯한 마음이 들어야 합니다. 엄마가 하라고 했으니깐 '쓰고 끝!'이 아니었으면 합니다. 아이가 즐겁게 생각을 정리하는 시간으로 간주하길 바랍니다.

그래서 글쓰기 첫인상이 중요해요. 시작할 때 훈훈한 분위기로 글쓰기를 하면 오랫동안 할 수 있는 원동력이 되거든요. 큰아이가 글쓰기에 호감을 느끼도록 애를 썼습니다. 아이가 글을 쓰면 매일 진심 어린 답장을 적어주었습니다. '잘했다.', '즐거웠겠네.'라는 말이 아닌 구체적인 공감의 말을 쓰려고 노력했습니다. 아이의 글에서 느껴지는 기쁨, 바람, 화남, 후회, 아쉬움 등의 감정을 이해하고 말이 아닌 글로 대답해주었습니다. 날이 갈수록 아이는 엄마의 답장을 기다리며 글을 썼습니다. 글쓰기 시간이 엄마와 진한 마음을 나누는 시간이 되었습니다.

엄마의 코멘트는 처음 글쓰기를 시작하며 두려웠던 아이의 마음

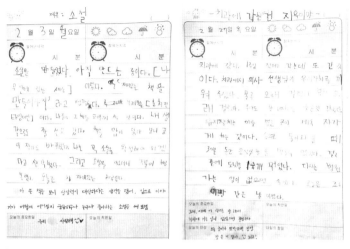

큰아이가 아홉 살 때 쓴 일기와 엄마의 코멘트

을 편안하게 해주었습니다. 솔직히 아주 신이 나서 쓰는 날은 드물었지만 자기의 감정을 솔직히 드러내고 생각을 자유롭게 써 내려갔습니다. 지금은 엄마의 코멘트 없이도 글을 습관적으로 씁니다. 첫인상이 좋았으니 가능한 일이라 생각합니다.

선생님은 빨간펜을 들고 엑스를 그릴 테지만, 엄마는 빨간펜을 들고 하트를 그렸습니다. 선생님이 아니라 엄마의 시선으로 바라봐주세요. 아이의 문법, 맞춤법, 글자 하나 보다 글에서 아이의 생각과 감정을 읽습니다. 그러면 아이는 글쓰기 시간을 지루하다고 생각하지 않을 거예요. 엄마와 사랑을 소통하는 시간으로 느낍니다. 이보다 좋은 글쓰기 동기는 없습니다.

05

글쓰기의 시작은
일기 쓰기

일기로 글쓰기 시작하기

처음 글쓰기를 할 때 좋은 주제는 인상 깊었던 일이나 겪은 일을 쓰는 거예요. 일기입니다. 학교에서도 여러 문장을 나열하며 쓰는 첫 글쓰기의 형태도 일기이지요. 보통 일기는 오늘의 있었던 일과 느낀 점에 관해 씁니다. 사실과 의견을 쓰는 형식이 앞으로 아이들이 써야 할 논술과 맞닿아 있습니다. 일기를 잘 쓰는 아이들이 보고서, 설명문, 논설문도 잘 쓰는 까닭입니다.

일기의 시작은 아이와 맞게 준비해보세요. 그림 그리기를 좋아하는 아이라면 그림을 그리고 서너 문장의 글을 쓰는 그림일기 형식으로 시도합니다. 제 아이는 그림 그리기를 별로 좋아하지 않아서 넓은 칸에 줄글로만 일기를 적었습니다. 관계없습니다. 아이가 좋아하는 공책의 종류로 시작하면 됩니다.

처음부터 글쓰기의 형식은 강요하지 않습니다. 아이의 솔직한 생각을 쓰도록 하는 게 중요합니다. 일기는 자신의 감정과 생각을 돌아보는 의미를 지닌 글쓰기라고 아이에게 일러주며 꾸밈없이 쓰도록 합니다.

일기 쓰기가 막막한 아이에게 연필을 들기 전에 일기 잘 쓰는 방법을 알려주세요. 잘 쓰인 또래 친구의 일기를 보여주는 것도 효과적인 방법입니다. 도서관에는 일기 지도에 관련된 책이 많이 나와 있어요. 예시를 보며 설명해주면 일기 쓰기에 대한 이해가 잘 되고 풍성한 일기를 쓸 수 있습니다. 형식은 자유롭되 어떻게 써야 하는지도 말해주세요. 구체적일수록 잘 쓰인 일기입니다. 상황이 머릿속에 그려지고 느낌이 생생하게 전달될수록 좋지요. 막연하게 '참 재미있었다.'보다 상황이 전개되며 순간순간의 생각과 느낌을 자세하게 쓰도록 가르쳐 줍니다.

일기 잘 쓰는 법을 일러줘도 아이가 쓴 일기를 보면 지적하고 싶은 점이 눈에 먼저 보일 거예요. 저도 그랬으니까요. 부정적인 피드백은 아이의 글쓰기 자신감을 떨어뜨립니다. 만약 정말 고쳐야 할 부분을 말해주고 싶다면 그날은 참으세요. 다음 날 글쓰기 하기 전 조언해주세요. 아이의 어제 글은 들추지 말고, 무심하게 지나가는 말로 맞춤법, 문장 부호, 생동감 있게 글 쓰는 방법을 얘기합니다.

앞으로의 글쓰기도 그렇지만 글쓰기는 분량을 정해주는 것이 좋습니다. 많이 쓴다면야 말리지 않겠지만 자꾸 짧아지는 글은 조금씩 늘릴 필요가 있습니다. 일기는 서너 줄에서 시작해 점점 늘려보세요. 3학년에 올라가며 10줄까지 쓴다면 괜찮은 분량입니다. 한꺼번에 욕심내지 말고 서서히 글의 양을 늘립니다.

초등 6년 동안 매일 일기 쓰기만 해도 글쓰기 실력은 부쩍 늘어납니다. 일기를 통해 다양한 주제로 확장하는 글쓰기가 가능하니까요. 첫 글쓰기로 일기로 추천하지만, 아이가 지루해한다면 6학년까지 꼭 일기를 고집할 필요는 없습니다. 무엇이든 느낌과 생각을 쓰면 됩니다.

쉽게 일기 쓰기

"엄마, 뭐 써요?"

자기 일기를 쓰는 아이들은 매일 반복되는 일상에 무얼 쓸지 자꾸 묻습니다. 학교에서 특별한 행사가 있거나 가족 여행을 갔다고 하면 쓸 말이 많지만, 매일 비슷한 일과에 쓸 거리가 없다고 아이들은 투정하지요. "오늘 있었던 일 써."라고 말해도 글감이 떠오르지 않습니다.

아이가 글을 쓸 주제부터 정하는 게 맞긴 하지만 글감을 쉽게 찾을 수 있도록 대화하며 도와주세요. 아이가 오늘의 일을 파노라마처럼 떠오르도록 질문하세요. "오늘 아침에 집에서 무슨 일이 있었지?", "오늘 학교 가는 길에 별일 없었어?" 등 시간과 장소를 콕 집어서 질문하면 아이가 있었던 일을 떠올리며 글감을 찾기가 쉬워집니다.

다른 관점으로 하루 중 어떤 감정을 느꼈는지 질문해보세요. "오늘 가장 즐거웠던 시간은 언제야?", "오늘 아쉬운 감정이 있었던 일은 무엇이야?"라며 아이가 무심코 지나간 하루의 사건을 떠오르도록 대화합니다. 다음의 표를 참고해서 시간, 장소만 적어둔 빈칸이든 양식을 보면서 아이는 하루 중 있었던 일을 떠올립니다. 구체적으로 있었던 일과 감정을 적을 수 있습니다.

· 일기 쓰기 글감 찾는 법 ·

시간	장소	있었던 일	생각, 감정
아침	집	침대에서 떨어진 일	놀람
오전	길거리	등굣길에 고양이를 본 일	반가움
점심	학교	점심으로 치킨이 나온 일	기쁨
오후	학원	선생님께서 칭찬해 준 일	뿌듯함
저녁	놀이터	친구와 오랫동안 놀지 못한 일	아쉬움
밤	집	엄마가 따뜻한 이불을 준비해준 일	감사함

보통 하루의 전체 일과를 나열하는 식의 일기는 좋은 일기라고 하지 않습니다. 하루 중 가장 인상 깊은 장면을 떠올려 상세하게 쓰는 게 잘 쓴 일기입니다. 위 표에 있는 모든 내용을 하나의 글에 담는 게 아니라, 한 가지만 일기로 적습니다. 느낌과 생각을 상세하게 담아서 씁니다.

일기는 어떤 특별한 일이 있어야만 쓰는 게 아니라는 인식이 바탕에 있어야 합니다. 일상의 사소한 일도 글감이 된다고 알려주세요. 하루 중 내가 겪은 일, 들은 일, 본 일, 생각한 일 모두가 글감이 될 수 있어요. 매일 밥을 먹는 똑같은 상황에서도 좋아하는 반찬이 나온 일, 급하게 밥을 먹은 일, 밥을 먹으며 동생과 나눈 대화, 밥을 먹고 반찬을 흘린 일 등 글감은 한도 끝도 없이 나올 수 있습니다.

저는 아이가 일기를 쓸 때 꼭 제목을 지어보라고 합니다. 멋진 제목은 일기의 얼굴이라고 얘기해 줍니다. 제목만 봐도 글을 읽고 싶은 마음이 들어야 좋은 제목이라고 말합니다. 본문을 아우를 수 있는 간단하면서도 재치 있는 제목을 쓰라고 하지요. 보통 제목은 본문을 다 쓰고 짓는데요. 아이에 따라 제목을 먼저 짓는 것도 괜찮습니다. 주의할 점은 너무 제목에 힘을 주다 일기 쓰기 자체가 싫어지지 않게만 해주세요. 적정한 선에서 광고의 카피처럼 재미있게 지으면 됩니다.

일기가 하루를 돌아보고 반성하는 의미가 있다고 하지만 꼭 뭔가를 깨달아야 하는 건 아닙니다. 일기를 쓰며 아이들은 순간의 소중함을 느낍니다. 자기의 감정을 곱씹어봅니다. 그날의 일과 감정을 기록하며 감정을 글로 솔직하게 표현하는 법을 배웁니다. 아이가 자기 생활에 대한 글을 쓰며 다양한 주제로 글쓰기를 할 수 있는 자신감이 생깁니다.

요즘 일기 쓰기는 생활 일기에 국한되어 있지 않습니다. 동시 쓰기, 관찰 일기 쓰기, 독서 감상문 쓰기, 상상하는 글쓰기, 관심 있는 분야의 주제 글쓰기 등 다양한 활용이 가능합니다. 큰아이의 경우엔 생활 일기를 쓰다가 자연스럽게 자기가 발명한 로봇에 대한 글, 책에서 본 캐릭터 소개 등으로 주제의 폭이 넓혀지더군요. 생활 일기는 주제 글쓰기로 이어졌습니다. 다음 장에서 더욱 다양하게 글 쓰는 방법을 소개하겠습니다.

06

재미있게
자유 주제로 글쓰기

마음껏 자유롭게 쓰기

자기 주변의 소재를 찾아 글을 쓰는 일기가 익숙해지면 다양한 주제로 글쓰기에 도전할 수 있습니다. 초3~4학년 교육과정의 성취 수준을 살펴보면 이전 학년과 다르게 '관심 있는 주제에 대해 자신의 의견이 드러나게 글을 쓴다.'라고 명시되어 있습니다. 일기 이외에도 다양한 주제를 접하면 아이는 글쓰기에 더욱 재미를 붙일 수 있습니다. 관심 있는 주제는 아이의 흥미와 관심사가 직결된 주제일수록 좋겠지요. 아이가 직접 주제를 자유롭게 선정하면 글쓰기의 효과는 높아집니다.

자유 주제 글쓰기가 그렇습니다. 엄마가 정해주는 글쓰기가 아니라 아이가 주제를 선정하고 형식에 얽매이지 않게 씁니다. 어떤 주제여도 좋아요. 아이가 신나게 쓸 수 있으면 됩니다. 앞서 일기도 지나치게 형식적인 측면을 강요하지 말라고 당부했는데요. 자유 글쓰기도 마찬가지입니다. 초3~4학년까지는 형식에 얽매이지 않고 글쓰기에 자신감을 심어줘야 하기 때문이에요. 형식보다 중요한 건 글을 썼다는 겁니다.

말 그대로 아이에게 자유를 허락합니다. 뒷받침 문장이 없어도 좋고, 논리적이지 않아도 됩니다. 글씨체가 삐뚤빼뚤해도 되고 맞춤법이 틀려도 괜찮아요. 정해진 분량도 상관없고 시간에도 제약을 두지 않습니다. 아이가 자유롭게 생각을 펼칠 수 있게 글을 쓸 수 있도록 해주세요.

큰아이가 일기에서 자유 주제 글쓰기로 넘어가며 며칠은 신나게 쓰더니 '오늘은 무얼 쓸까?'라며 또 고민했습니다. 아이에게 온전히 자유를 허락했지만 길을 찾기가 어려웠나 봅니다. 그래서 몇 가지의 선택지를 두고 글쓰기를 독려했습니다. 아이는 엄마가 준비한 다양한 글쓰기 주제에서 자유롭게 선택하여 씁니다. 엄마가 준비해 준 선택지가 마음에 안 드는 날이나 새로운 아이디어가 떠오르는 날은 자기가 쓰고 싶은 대로 썼습니다.

아이는 자유 주제 글쓰기를 마치면 확인차 저에게 보여줍니다. 저는 아이의 글을 읽고 피드백합니다. 맞춤법, 문장의 오류, 글씨체

등에 지적은 하지 않아요. 아이의 생각을 읽고 호응해줍니다. 엉뚱한 생각을 쓰거나 말도 안 되는 상황이 글로 적혀 있어도 재미있게 읽어줍니다. 아이는 작가, 엄마는 독자라는 생각으로 비평보다는 감상의 자세로 아이의 글을 봅니다. 아이는 엄마가 적극적으로 읽어주니 숙제로 느끼지 않아요. 기대를 품고 다음 날에도 부담 없이 글을 씁니다.

아이가 자유 주제 글쓰기를 하며 글쓰기에 두려움이 없어지는 모습을 보았습니다. 무엇보다 깔깔 웃으며 재미있어했습니다. 자기가 쓴 글을 엄마에게 조잘조잘 읽어주며 왜 그렇게 썼는지 설명해주었습니다. 앞뒤 말이 맞지 않지만 신나서 글을 쓰고 떠드는 모습이 글쓰기의 매력에 푹 빠진 느낌이었습니다.

무슨 일이든지 즐거움을 맛봐야 지속할 힘이 생깁니다. 자유 주제 글쓰기는 글을 쓰는 내내 아이가 신나서 씁니다. 글쓰기에 대한 흥미가 높아집니다. 자기도 모르게 한 바닥을 가득 채운 날은 성취감을 맛보기도 합니다.

재미있게 쓸 수 있는 자유 주제

자유 글쓰기는 어떤 주제여도 괜찮습니다. 아이의 흥미를 이끄는 주제면 더욱 좋습니다. 주제 선정에도 어려움이 있는 아이라면 다양한 주제 속에서 선택하여 글을 쓰도록 지도하는 면이 효율적입니다. 아이마다 다르겠지만 어떤 지식을 묻는 주제보다 아이의 생각을 묻는 주제를 추천합니다. 지식을 묻는 글의 주제는 정답이 있는 것이기에 어려워할 수 있습니다.

제가 정한 자유 주제의 큰 틀은 아이의 생활과 밀접한 것들이거나 상상력을 자극할 수 있는 질문이 대부분이었습니다. 고학년에서 자유 주제로 글을 쓴다면 또래 내 갈등 상황, 사회문제 등 첨예한 주제도 다룰 수 있겠지요. 하지만 고학년에게도 인기 있는 주제는 아무 부담 없이 재미있게 쓸 수 있는 주제입니다. 가벼운 주제부터 시작하세요. 제 아이가 초3까지 즐겁게 쓴 자유 주제 30개를 소개하겠습니다.

• 글쓰기 자유 주제 예시 •

1. 무지개 끝에는 누가 살고 있을까?	11. 학교가 없어진다면 어떻게 될까?
2. 내 생애 최악, 최고의 순간은 언제일까?	12. 내가 가장 좋아하는 음식은?
3. 동생이 있으면 좋은 점	13. 외국인 친구에게 소개하고 싶은 우리 전통 음식은?
4. 타임머신을 단 한 번만 탄다면 언제로 가고 싶어?	14. 대통령을 만났을 때 자기 소개하기
5. 이루고 싶은 소원 3가지	15. 좋아하는 책 주인공에게 편지쓰기
6. 가,나,다,라… 하로 14행시 짓기	16. WHY 책 중 가장 재미있었던 책 소개
7. 학교에서 배웠으면 하는 것	17. 용돈에 대한 내 생각은?
8. 가장 인상 깊었던 꿈은?	18. 기르고 싶은 애완동물은?
9. 엄마에게 실망한 순간	19. 부모님께 듣고 싶은 말 10가지
10. 앞으로 꼭 발명되었으면 하는 물건은?	20. 몸을 건강하게 지키기 위한 나만의 비법

21. 내가 공부를 하는 이유	26. 네 잎 클로버를 발견한 나의 하루는 어떤
22. 고양이, 바다, 컴퓨터가 들어가게 이야기	일이 생길까?
를 써라	27. 코로나가 끝나고 가장 하고 싶은 일은?
23. 내가 원하는 일주일 식단표는?	28. 온라인으로만 학교를 다닌다면?
24. 내가 살고 싶은 집은?	29. 무인도에 간다면 가지고 가고 싶은 세 가지
25. 내가 가장 잘 알고 있는 분야에 관해 써라	30. 우리 동네 자랑

위 주제 말고도 흥미롭게 쓸 주제는 널려 있습니다. 아이가 키득거리며 재미있게 쓸 수 있는 주제일수록 쓰고 또 씁니다. 아이의 관심사를 관찰해보세요. 아이가 엄마에게 하고 싶은 말을 자유 주제 글쓰기를 통해 전달할지도 모릅니다. 제 아이가 그랬으니까요. 엄마에게 실망했던 순간을 쓰며 저를 뜨끔하게 만들더라고요.

어떤 글을 쓰더라도 같이 웃어주세요. 잘 썼다고 칭찬합니다. 기발한 아이의 상상력과 솔직함에 감탄하세요. 자꾸자꾸 쓸 맛이 나게 응원하길 바랍니다.

생각을 정리하는 엄마의 질문

큰아이는 처음 자유 주제 글쓰기를 하며 신나게 생각을 그대로 옮겨 적었습니다. 그런데 어느 날은 자기 글을 다시 읽고는 고개를 갸우뚱했습니다. 글이 생각대로 옮겨지지 않았기 때문이었습니다. 의도

대로 나오지 않아 속상해하며 갑자기 글쓰기를 주저했습니다.

아이가 주제는 자유롭게 정하지만, 글쓰기가 항상 매끄럽게 이어지지는 않았습니다. 그럴 때면 저는 아이에게 질문을 했습니다.

제 질문에는 보통 일정한 형식으로 네 단계를 거칩니다. 예를 들어 '나를 눈물 나게 하는 것'이라는 주제에 관해 글쓰기를 할 때입니다. 1단계는 핵심어를 묻습니다. "나를 눈물 나게 하는 건 뭘까?"라고 묻습니다. 아이는 "엄마한테 혼이 나는 것"이라고 대답했습니다. 2단계는 이유를 묻습니다. "왜?"라고 질문합니다. 아이는 마음이 속상해져서 눈물이 나온다고 했습니다. 3단계는 사례, 예시를 들도록 합니다. "어떨 때 혼이 났는지 말해보렴."이라고 말하며 서너 가지 예시를 찾아보라고 했어요. 아이는 "동생이랑 싸울 때, 부모님께 버릇없이 굴 때, 거짓말을 했을 때"라고 대답했습니다. 4단계는 제안, 강조하고 싶은 걸 묻습니다. "앞으로 어떻게 하고 싶어?"라고 물으니 아이는 "엄마 말을 잘 들어서 혼나지 않도록 노력하겠다."라고 대답했어요.

• 생각 정리를 유도하는 엄마의 질문 4단계 •

예시 주제 : 나를 눈물 나게 하는 것			
단계	내용	엄마의 질문 예시	아이의 대답 예시
1단계	핵심	나를 눈물 나게 하는 것은 뭐야?	엄마한테 혼나는 것
2단계	이유	왜 그렇게 생각해?	속상한 마음
3단계	사례, 예시	어떤 상황에서 그렇니?	동생이랑 싸울 때 예의없게 행동할 때 거짓말 할 때
4단계	제안, 강조	앞으로 어떻게 하고 싶어?	엄마 말씀 잘 듣기

엄마의 질문으로 생각 정리를
유도한 자유 주제 글쓰기

제가 아이에게 하는 질문의 4단계는 글쓰기에서 사용하는 기승전결과 같습니다. 서론, 설명, 증명, 결론에 이르는 단계인데요. 어떤 글쓰기 주제에도 적용이 되는 질문입니다. 엄마가 글쓰기 구성의 전략대로 질문을 하는 것만으로도 아이는 머릿속에 엉켜있던 생각이 정돈됩니다. 대화 도중 엄마가 아이의 말을 간단하게 메모하거나 아이가 직접 자기 말을 메모하는 것도 좋은 방법입니다. 메모를 보며 자기 말을 상기시키며 글을 수월하게 완성해 나갈 수 있습니다.

이후 글쓰기는 오로지 아이의 몫입니다. 엄마 눈에 아이 생각이 글로 매끄럽게 표현하지 않아도 괜찮습니다. 아이의 글은 점점 발전합니다. 엄마와의 대화 없이도 스스로 생각하며 정리하게 됩니다. 발상 시간이 줄어들며 글쓰기에도 속도가 붙습니다. 지금도 글쓰기를 주저할 땐 4단계 엄마의 질문은 유효합니다. 아이는 엄마의 질문 안에서 생각을 착착 정리합니다.

★ 07 ★

신문을
활용하기

신문 활용 글쓰기 효과

아이가 태어나지도 않았을 때부터 '내 아이는 신문 활용 글쓰기를 해야겠다.'라고 다짐했습니다. 극성 엄마 같지요? 학교에 있어 보니 자연스럽게 해마다 결심하게 되더군요. 제가 고1 담임이었을 때입니다. 옆 반 담임 선생님은 국어 선생님이었어요. 조회 시간마다 학생들에게 신문 사설을 나누어 주고 읽고 요약, 자기 생각을 적도록 했습니다. 아침 10분이지만 학생들은 꾸준히 활동에 참여했습니다. 학교에서는 영어 선생님, 사회 선생님도 수업에서 신문을 적극적으로 사용합니다. 제게《좋은 생각》을 읽어주었던 고3 담임 선생님도 그렇게 신문 스크랩 활동을 강조했는데요. 이는 우연이 아닙니다.

제가 아는 것만 해도 20년이 넘도록 선생님들이 신문 활용 교육에 적극적인 데는 이유가 있습니다. 교육과정에 신문을 활용하라고 강제한 것도 아닌데 말이죠. 그 이유는 신문 활용 교육의 강력한 효과에 있습니다. 한경 경제용어 사전에 따르면 신문 활용 교육NIE : Newspapers In Education은 신문 기사 내용과 신문 구성의 다양함으로 학습을 추구하는 교육 형태를 말합니다. 신문은 사회, 경제, 정치, 과학, 지리학 등 다양한 분야의 시사 문제를 담고 있습니다. 글 좀 쓰는 기자들이 썼기에 어떤 글보다 구성은 탄탄하고 전달력에 믿음이 갑니다. 신문을 읽으며 다양한 배경지식이 쌓이는 것은 물론 신문 독후 활동을 통한다면 말하기, 쓰기 등의 언어 교육에 효과를 발휘합니다.

신문 활용 교육을 한다고 당장 국어 시험에서 백 점을 맞지 않습니다. 독서와 마찬가지로 장기적인 안목으로 봐야 해요. 꾸준히 한다면 창의적, 논리적, 분석적, 비판적 사고능력이 점차 강화됩니다. 독해력, 문해력 향상을 통해 공부에도 도움이 됩니다. 어휘력과 배경지식은 덤으로 따라옵니다.

초등학생 시기부터 신문 읽기에 익숙해지길 추천합니다. 요즘은 아이들 수준에 맞는 어린이 신문이 있어 어렵지 않게 신문 읽기를 시도할 수 있습니다. 어른이 보는 신문의 내용이 아이의 흥미와 수준에 맞는 내용으로 제공됩니다. 독서를 꾸준히 해온 아이라면 초2에도 충분히 읽을 수 있어요. 처음부터 신문 읽고 글쓰기는 힘들어요. 신문과 친해질 시간이 필요합니다. 하루에 기사 하나라도 좋으니 아이들과 함께 읽고 내용을 나누어보세요.

어른도 세상 살아가는 이야기에 흥미가 가듯이 아이들도 뉴스에 관심이 많습니다. 지금 개발되고 있는 우주선은 무엇인지, 코로나는 언제 종식이 될지, 태풍으로 인해 인명피해는 없는지 등에 대해 호기심을 가지고 보게 됩니다. 교과서에 있는 지식이 아닌 자기 삶과 밀접한 생생한 지식이기에 더 눈을 크게 뜨고 봅니다.

꼭 종이 신문이 아니라도 인터넷 신문을 활용해보세요. 〈어린이 동아(kids.donga.com)〉, 〈어린이조선일보(kid.chosun.com)〉, 〈어린이 경제신문(www.econoi.com)〉은 초등학생 눈높이에 맞춘 신문입니다. 기사를 가정에서 인쇄할 수 있어서 편리해요. 무료로 제공되니 부담도 없습니다. 아이는 관심사에 닿아있는 기사를 엄마와 함께 읽으니 쉽고 재미있게 읽을 수 있습니다.

신문 기사를 읽는 것만으로도 도움이 되지만, 글쓰기를 함께 하길 권합니다. 큰아이가 책을 읽고 독후 감상문을 쓰지 않아도 불안하지 않은 이유입니다. 독서는 감상의 영역으로 남겨 두되 독서를 하며 길러진 어휘력, 문장력, 문해력, 독해력을 신문 글쓰기를 통해 확인하고 있습니다. 신문 기사를 읽고 내용을 파악한 후 글로 적어보는 것, 독후 활동과 다를 게 없으니까요.

중·고등학교의 수행평가, 수능, 대입 논술시험은 모두 주어진 문제 또는 지문을 읽고 답을 하는 형식입니다. 지문의 내용을 정확하게 파악해야 문제 의도에 맞게 주장하는 글을 쓸 수 있습니다. 문제의 지문은 보통 책처럼 길지가 않지요. 책보다는 짧은 글에 글쓴이의 의도가 명확하게 드러납니다. 신문 활용 글쓰기와 유사합니다. 짧은 기사 안에 명확한 메시지가 있습니다. 메시지를 파악하고 자기 생각을 쓰는 활동은 앞으로 공부를 위한 글쓰기에도 직접적으로 도움이 된다는 말입니다.

더불어 신문 기사를 읽으면 인성교육에도 효과가 있습니다. 우리도 시끄러운 기사를 보다가 어려운 이웃을 돕거나 생명을 구한 사람들의 소식을 뉴스로 접하며 삶에 대한 태도를 되돌아보게 되지요. 우리 아이들도 마찬가지입니다. 그래서 일부로라도 훈훈한 기사를 아이에게 보여주고 있습니다. 아이가 마음이 따뜻한 사람으로 성장하길 바라는 엄마 마음에서요.

신문 활용 글쓰기 방법

초2 가을이었습니다. 아이에게 신문을 활용해서 글쓰기를 시도할 때 두려움이 앞섰습니다. '아이가 기사를 이해할 수 있을까?', '자기 생각을 쓸 수 있을까?'라는 걱정부터 들었습니다. 어떻게 하면 재미있게 신문을 읽고 글쓰기까지 연결할지 고민했습니다. 처음부터 무리하게 요구하면 실패하는 법이니까요. 조금씩 신문 읽는 법과 글 쓰는 법을 알아가도록 했습니다. 신문 활용 글쓰기를 1년 반 정도 하니깐 이제는 알아서 척척 글을 써오는 아이가 되었습니다. 유용했던 방법을 몇 가지 소개하겠습니다.

첫째, 신문을 읽고 모르는 낱말을 사전에서 찾습니다. 기사를 읽고 요약해서 생각을 쓰는 게 최종 목표이지만 첫술에 배부를 수 없습니다. 처음엔 아이가 큰 힘을 들이지 않아도 할 수 있는 방법을 사용합니다. 신문 기사를 읽고 생소한 낱말을 국어사전에서 찾습니다. 노트에 옮겨 적어요. 매우 간단한 활동이지만 아이의 어휘력은 향상되고 신문의 내용을 쉽게 이해할 수 있습니다.

둘째, 신문을 읽고 중심 문장 찾기입니다. 낱말 찾기가 익숙해졌다면 신문에서 가장 핵심이 되는 문장을 찾아 그대로 공책에 적습니다. 아직은 아이의 글재주를 요구하지 않습니다. 보통 제목에 대

1년 반 동안 큰아이가 쓴
신문 활용 글쓰기 공책

한 답이 핵심 문장이지요. 제목과 연관한 가장 중요한 문장을 찾으라고 하면 곧잘 발견합니다. 틀려도 괜찮습니다.

셋째, 신문을 읽고 자기 생각을 씁니다. 신문을 읽은 후 느낀 점을 쓰는 활동인데요. 자기 생각이 들어가는 글쓰기라 어려울 수 있어요. 이때는 찬반 의견이 갈리는 신문 기사를 활용합니다. 찬성 혹은 반대의 입장에서 이유만 설명하면 되니까 아이는 쉽게 자기 생각을 씁니다. 이 활동에 어려움을 느끼지 않는다면 자기의 의견을 내는 기사로 주제를 넓힙니다.

넷째, 신문 내용을 요약하고 자기 생각을 씁니다. 신문 내용을 요약하는 건 의외로 간단하지 않습니다. 4학년쯤에야 제대로 된 글을 쓸 수 있습니다. 틀려도 괜찮으니 연습하는 데 의의를 두세요. 신문 내용을 요약할 때는 문단별로 중심 내용을 한두 줄씩 씁니다. 문단별로 요약한 글을 모두 종합하면 요약 글이 되지요. 이어 자기 생각을 붙입니다. 자기 생각이 담긴 주장 문장과 뒷받침 문장을 쓰면 더욱 좋은 글이 됩니다.

다섯째, 자유롭게 쓰기입니다. 이 방법은 큰아이가 제안한 쓰기입니다. 어느 날은 우주선에 관련한 기사를 읽었는데 우주 쓰레기를 처리하는 발명품을 만들고 싶다고 했습니다. 간단하게 발명품을 그리고 제작 의도와 사용법이 담긴 글을 썼습니다. 창의력까지 좋아지는 글쓰기라 마다하지 않았습니다.

신문 활용 글쓰기를 할 때 첫 번째, 두 번째 방법으로 시작하는 건 맞지만, 어느 정도 글쓰기가 익숙해지면 다섯 가지의 방법을 혼용해서 사용합니다. 기사의 난이도, 기사 주제, 아이의 컨디션에 따라 아이가 취사선택합니다.

큰아이는 일기 쓰기, 주제 글쓰기를 거쳐 신문 활용 글쓰기로 정착했습니다. 초등 6학년, 아니 중학생이 되어서도 이어 나갈 계획입니다. 아이가 사춘기를 지나며 크게 거부하지 않는다면 말이지요. 학년이 오를수록 생각의 그릇이 커지고 글의 구성력, 문장력, 독해력 등이 좋아지는 게 보입니다. 세 줄에서 시작한 글쓰기가 1년이 지나니 자연스럽게 15줄이 넘어갑니다. 요약이 뭔지도 몰랐던 아이가 신문 기사를 요약하고 엄마에게 말로 설명합니다. 자기 생각을 담은 글을 자연스럽게 쓰고요. 각 학년의 담임 선생님이 "다양한 분야에 아는 게 많아요."라고 말하는 건 신문 때문이라 생각합니다. 어떤 주제가 나와도 당황하지 않고 자기 생각을 글로 표현할 수 있게 되었습니다. 어렵기만 한 논술이 만만해지는 까닭입니다.

드론 택배의 장점은 사람이 안 와서
편리하고 코로나 위험이 낮아진다. 그리고
인건비도 절약된다.
드론 택배의 단점은 비,눈이 올 때는
못 배달하고 집안에서 받을 수 없다.
그리고 드론이 고장 날 수 있다.

대나무를 먹이로 하는 판다는 어떻게 건강한
몸을 유지할 수 있을까요? 그것은 판다의 장내
미생물에 있습니다. 영양가 있는 대나무가 많이
자라는 시기에는 판다의 장내에서 '클로스트리듐
부티리쿰'이라는 균이 많이 생겨나고, 판다의
건강을 도와줍니다. 판다는 1년 내내 대나무를
섭취하지만, 먹는 부위가 다릅니다. 4월에는 대나무
순, 8월부터 다음 해 4월까지는 대나무 잎을 섭취합니다.
영양가가 많은 대나무를 먹을 때는 클로스트리듐 부티
리쿰을 최대한으로 늘리고 지방을 많이 저장합니다.
반면 대나무 잎은 영양가가 적기 때문에 앞서 비축한
단백질이나 지방으로 체중을 유지합니다. 쥐 실험으로
따르면, 대나무를 먹은 판다의 분변을 먹은 쥐가 대나
무 잎만 먹은 판다의 분변을 먹은 쥐보다 더 체중이
많이 늘어났습니다.

신문 활용 글쓰기로 발전한 큰아이의 글쓰기 실력

★ 08 ★

똑똑하게
논술 쓰기

논술에 대한 오해 풀기

임용고사에는 논술고사가 있습니다. 논술시험은 1차 시험인 전공과 교육학 시험에 합격한 사람만 응시할 수 있었습니다. 시험공부는 1년 내내 했지만, 논술고사를 따로 준비할 시간이 없었어요. 1차 시험에 먼저 합격해야 했으니까요. 1차 합격자 발표 후 2차 시험까지 한 달가량 남아있는 시간 동안 논술시험을 준비했습니다. 발등에 불이 떨어졌으니 학원 등록도 했습니다. 4주 특강이었는데 글쓰는 방법을 알려주고 4회 첨삭을 해줬어요. 이전까지는 50분의 제한 시간 동안 1,500자 넘는 글을 논리 정연하게 써본 적이 없었지만

한 달 만에 글을 완성할 수 있게 되었습니다. 왜 그럴까요?

논술평가가 중요하다고 하니 아이들이 초등 저학년부터 서론, 본론, 결론을 따져가며 글을 쓰는 것을 봅니다. 아직 키가 제대로 자라지도 않은 어린이들에게 고등학생 교복을 입히는 모습이랄까요. 안타까운 마음이 들었습니다. 형식이야 머리가 크면 한 달 만에도 배우는데 몇 년을 형식에 얽매여 핵심을 놓치고 있는 건 아닌지요. 오히려 틀에 맞춰 쓰는 글 때문에 발상이 좁혀질까, 작문에 있어 한 방법만 고집할까 걱정이 되었습니다.

논술평가를 위해 열심히 틀에 맞추어 글쓰기를 하고 있다면 다시 고민해보세요. 글쓰기에 젬병이었던 제가 임용고사 논술시험에서 좋은 성적을 받았던 건 백 퍼센트 학원에 다녔기 때문이 아닙니다. 형식에 맞춰 쓰기는 고작 포장만 예쁘게 하는 방법을 배웠을 뿐이에요. 글 속에 전달하고자 하는 내용물이 풍부했기 때문에 논술시험에 성공할 수 있었습니다.

엄마가 두려워하는 논술평가는 평가 요소로 형식보다 내용을 훨씬 더 많이 봅니다. 대입의 논술고사를 준비하는 고3 아이들도 고1 때부터 대입의 논술전형을 위해 글쓰기 수업을 듣지 않습니다. 고3 2학기 때에 준비하지요. 생명과학과 논술 답안지에 조앤 롤링이 와서 해리 포터가 흥행한 이유를 첫째, 둘째, 셋째로 나열해도 0점 처리됩니다. 유려한 문장력, 정확한 형식은 논술평가와 크게 관련이 없습니다.

형식은 천천히 배워도 늦지 않습니다. 아니, 천천히 배워야 합니다. 아이가 글쓰기의 여러 방법을 배우는 데 방해만 될 뿐이에요. 생활문, 편지글, 동시, 설명문, 소설 등 다양한 형식의 글을 접하고 써볼 줄 알아야 합니다. 주장하는 글은 초등에서 맨 마지막입니다.

정답은 늘 아이의 국어 교과서에 있습니다. 갈피를 못 잡겠다 싶으면 아이 교과서를 들춰보세요. 아이가 학교에서 해오는 글쓰기 숙제를 보면 힌트를 얻을 수 있습니다. 초5~6학년 성취기준에는 '머릿말 - 본론 - 맺음말', '서론 - 본론 - 결론', '발단 - 전개 - 위기 - 절정 - 결말'에 대해 직접적인 언급이 되어있습니다. 주요 내용을 형식에 맞춰 간추릴 수 있는 학년도, 글을 쓸 수 있는 나이도 초5가 되어서야 가능하다는 말입니다.

아이가 고3까지 논술을 잘하게끔 하고 싶으면 4학년까지는 신나게 마음대로 글을 쓸 수 있게 해주세요. 틀 밖에서 놀게 해주세요. 다양한 읽기 경험과 배경지식을 접하는 게 우선입니다. 글을 읽고 이해하는 게 먼저입니다. 학교에서 논술에 대한 글쓰기를 배울 테지만, 그래도 보충해 주고 싶다면 고학년에 시도해보는 겁니다. 어릴 때 아이와 괜한 감정 소모하지 말고 현명하게 논술을 시작하세요.

고학년에 시작하는 논술

"어릴 때 글쓰기 상도 많이 받았는데요. 논술시험에선 점수가 왜 이렇죠?"

대입 논술을 준비하는 고등학생 부모님의 하소연을 들었습니다. 글을 잘 쓰면야 좋지만 정확한 답안을 쓰는 게 논술의 정석입니다.

논술은 출제자의 의도를 파악해서 정답을 논리정연하게 쓰는 글입니다. 글쓴이가 잘 썼다고 감탄해도 논술 평가 위원의 기준에 벗어나면 좋은 글이 아니에요. 주장을 담지만, 객관적인 시각으로 글을 써야 합니다. 화려한 기술이 아닌 전달력에 초점을 두어야 하지요. 그래서 서론, 본론, 결론의 형식에 맞춰 씁니다.

아이가 신문을 읽고 글쓰기를 습관적으로 한 아이라면 고학년이 되면 어렵지 않게 논술을 시작할 수 있습니다. 문제를 파악하고 배경지식을 살려 주장을 담아내는데요. 글을 조직하는 방식을 알려주면 수월하게 생각을 정리해서 씁니다.

논술의 일반적인 글쓰기 방법을 말씀드리겠습니다.

논술의 가장 대표적인 구성 방법은 '서론 – 본론 – 결론'으로 글을 쓰는 방식입니다. 주제에 따라 문제를 정확하게 파악하고 어떤 주장을 담을지 구상합니다. 구상한 내용을 바로 글로 옮기는 것 보다 글의 개요부터 짜야 합니다. 서론 – 본론 – 결론은 하나의 논점으로 키워드를 구성합니다. 글쓰기 전에 개요를 먼저 짜두면 헤매지 않고 주제에 맞는 글을 쓸 수 있습니다.

개요 짜기에서는 서론 – 본론 – 결론의 각각의 단계에 들어갈 핵심 내용을 한 문장으로 적습니다. 그리고 문단별로 어떤 내용을 다룰지 미리 구상하며 간단하게 메모합니다. 단락이 서로 유기적으로 이어지며 글의 내용이 매끄러워야 좋은 논술이에요.

서론은 문제 제기 문단입니다. 서론을 잘 써야 읽히는 답안지가 될 수 있습니다. 그만큼 서론을 잘 쓰면 좋은 글이 됩니다. 공감을 이끌기 위해 현재 뉴스나 경험을 적기도 합니다. 하지만 쓰는 방법보다 중요한 건 앞으로 이어질 본론에 대한 확실한 문제 제기가 있어야 합니다. 이 글을 쓰게 된 이유를 밝혀야겠지요.

본론은 구체적인 내용을 담습니다. 글의 핵심이 될 내용을 설명합니다. 주장을 보여주고 논리적인 근거를 들어 생각을 나열합니다. 뒷받침 근거가 명확할수록 설득력이 있습니다. 주관적 표현이나 단정적인 표현, 모호한 표현은 피하는 것이 좋습니다.

결론은 본론의 내용을 정리하거나 요약, 강조합니다. 보편적인 방법은 본론의 내용을 다른 어휘를 활용하며 짧게 요약하는 방식입니다. 따라서 본론보다 내용이 길어지면 안 되고 강조하는 범위 내에서 글을 씁니다. 제안하는 사항이 있다면 간단하게 담습니다.

논술 쓰기는 정해진 분량이 있기에 개요 짜기부터 글쓰기를 할 때 대략적인 분량을 생각하며 써야 합니다. 본론의 내용이 서론, 결론보다 풍부해야 합니다. 전달하고자 하는 내용을 풀어쓰는 부분이 본론이기 때문입니다.

처음부터 많은 분량을 쓰기 어렵습니다. 초등까지는 1,000자 쓰기를 추천합니다. 처음 600자에서 시작해 조금씩 늘려 1,000자까지 쓸 정도면 됩니다. 1,500자, 2,000자까지 쓰면 좋겠지만 1,000 자여도 충분합니다. 보통 중학교 수행평가나 글쓰기 대회에서도 1,000~1,500자 정도를 많이 활용하고 있으니까요.

논술 쓰기를 마치면 꼭 다시 한번 자기 글을 읽게 하세요. 이전 글쓰기와 다른 점입니다. 고학년은 글을 쓰고 퇴고의 과정을 거쳐 스스로 수정할 수 있는 단계입니다. 자기 글을 다시 읽으면 문맥이 어색하거나 맞춤법이 틀린 부분을 찾게 됩니다. 엄마가 읽어서 수정하는 것보다 아이에게 맡기세요. 스스로 하면 기억하기 쉬워 다음 글쓰기에서 정확하게 쓸 확률이 높아집니다.

논술은 매일 쓰지 않아도 됩니다. 매일 쓸 수도 없습니다. 1,000 자씩 날마다 쓰기란 쉽지 않습니다. 일주일 한 번, 한 달에 한 번도 좋습니다. 양을 조금씩 늘려가면서 연습하도록 해보세요. 아이가 양만 급급하게 채우는 건 아닌지, 형식은 있고 내용은 빠졌는지를 꼼꼼히 점검하세요. 내용은 좋은데 지나치게 반복되는 말이 많으면 아직 양을 늘릴 때가 아니라는 겁니다. 형식은 올바른데 내용이 부실하다면 정보를 찾아 배경지식을 넓힌 후 글쓰기를 시도합니다. 마지막으로 주제에 맞는 글쓰기인지 꼭 확인하세요. 주제에서 완전히 벗어난 이야기라면 아직 논술 쓰기가 준비되지 않았다는 신호입니다. 문제를 읽고 이해하는 능력부터 키워야 합니다.

09

쓰기 영역
확장하기

일상에서 다양한 글쓰기

중학교 교실에서 몸으로 싸우거나 교칙에 어긋나는 행동을 하면 벌을 줄 때가 있습니다. 선생님마다 다양한 방식이 있는데요. 잘못을 뉘우치는 청소하기, 반성문 쓰기, 그날 배운 내용을 깜지로 쓰기, 고전 시 외우기 등이 있습니다. 저는 이러한 벌을 저만의 방식으로 변형하여 제 아이를 훈육할 때 활용합니다. 아이가 동생과 싸우거나 약속을 지키지 않았을 때 반성의 의미로 글쓰기를 시키고 있어요. 인성도 챙기고 글쓰기 실력도 높이는 방법을 알려드릴게요.

첫째, 반성문 쓰기입니다. 가정에서도 많이 하실 거예요. 어린이에게 반성문 쓰기만큼 진심이 들어간 글이 있을까요? 뚜렷한 목적이 있는 건 아니었는데요. 크게 야단을 맞을 때 반성문을 쓰게 했었는데, 글의 짜임, 어휘력 수준이 점점 높아지는 게 보입니다. 신경 쓰는 게 있다면 아이를 훈육할 때 어른의 어휘로 말합니다. 상황을 설명하고, 엄마의 기분을 정확하게 말합니다. 아이는 엄마 말을 집중하며 듣고 있지요. 반성문을 쓸 때는 "네가 잘못한 거 써!"라고 말하지 않고 사건 설명, 잘못한 점, 앞으로의 다짐을 쓰라고 구체적으로 주문합니다. 아이는 들었던 엄마의 말속에서 어휘를 찾아 적절하게 반성문을 완성합니다. 꼭 글쓰기 연습을 위한 게 아니라는 거 아시죠? 자기 행동에 대해 반성하고 다짐하는 역할을 하는 반성문이 의외의 글쓰기 훈련이 됩니다.

둘째, 필사입니다. 필사는 책의 내용을 그대로 옮겨 적는 것을 말합니다. 아이가 잘 몰라서 예의 없게 행동할 때가 있습니다. 어떨 땐 엄마의 백 마디 말보다 좋은 게 교훈이 있는 글을 읽는 것입니다. 또 좋은 글을 직접 써보는 계기가 되지요. 《어린이 사자소학》,《어린이 명심보감》,《어린이 동몽선습》은 필사하기에 적합한 책이에요. 짧은 글을 통해 인성을 함양하고 지혜를 얻을 수 있습니다. 아이 훈육의 방편으로 쓰지 않더라도 평소에 문장 한 개씩을 필사하면 아이의 글쓰기, 인성교육에 도움이 됩니다.

이 외에도 아이의 일상엔 글쓰기가 필요합니다. 부모님과 협상하고 싶을 때에도 글을 쓸 수 있습니다. 친구들은 모두 용돈을 받는데 자기는 왜 용돈이 없냐며 요구할 때, 스마트폰을 갖고 싶어 부모님을 설득할 때 등 무언가를 원할 때 글을 써서 보여달라고 합니다. 주장과 타당한 근거를 들어서 말이지요. 마지막에 해결책을 붙여서요. 일상 속 글쓰기이기에 분량이나 정해진 양식은 필요 없습니다. 내용만 잘 담아내면 됩니다. 부모님을 설득하기 위해 얼마나 논리적인 근거를 대는지 아이의 글을 보면 깜짝 놀라실 거예요. 생활 속 논술이 따로 없지요.

아이의 생활과 관련된 일상 글쓰기는 별거 아닌 것 같지만, 그 어떤 글쓰기보다 확실한 글쓰기 훈련입니다. 자기 삶과 밀접해 있기에 진솔한 언어가 그대로 나옵니다. 그래서 잘 잊지 않아요. 마음과 생각이 우러나는 글이라서 그렇습니다. 소소한 일상에서도 아이의 생각이 자라는 글쓰기를 지속해보세요.

학교에서 글쓰기

우리는 글쓰기 전문가가 아닙니다. 아이가 전문적인 글쓰기를 배우는 곳은 학교입니다. 우리보다 전문가인 선생님이 아이의 글쓰기 전반을 가르쳐주고 있습니다. 학교에서 배우는 글쓰기에 관심을 가지고 가정에서 보조역할만 해도 아이의 글쓰기 실력은 무럭무럭 성장합니다.

선생님에 따라 방식은 다르겠지만 모든 선생님은 교육과정에 맞는 쓰기 수업을 해야 합니다. 그렇기에 1학년부터 6학년까지 성취수준에 맞게 쓰기 활동이 이뤄집니다. 아이는 일기 쓰는 법, 동시 쓰는 법, 주장하는 글 쓰는 법, 설명하는 글 쓰는 법, 독서 감상문 쓰는법 등을 학교에서 필수로 배우게 됩니다.

수업 중 아이가 쓴 글이나 숙제로 쓴 글을 자주 확인하세요. 선생님이 요구하는 대로 글의 구성과 내용이 맞는지 살펴보세요. 학습내용과 관련 없이 썼다면 보충학습을 하더라도 짚고 넘어가야 합니다. 이때는 빨간펜을 들어도 좋습니다. 잘못된 부분을 고쳐야 해요. 교과서의 학습 내용, 선생님이 전달한 지시대로 제대로 쓸 수 있도록 도와주세요.

저는 특히 학교에서 숙제로 내준 독서 감상문이 있다면 꼼꼼히확인하는 편입니다. 제가 따로 글쓰기 독후 활동을 하지 않기 때문인데요. 학교에서 하는 활동을 성실하게 해낸다면 문제가 없습니다. 그러니 점검은 필수이지요. 책의 내용과 느낀 점을 쓰라는 조건이 있었다면 문제에 맞게 잘 썼는지 읽어봅니다. 놓친 부분이 있으면 책의 목차를 보며 중요한 사건이 빠져 있는지, 묘사가 생생하게되었는지 살피라고 조언합니다. 칭찬도 하지만 학교에서 하는 숙제이기에 학습의 관점으로 글쓰기를 도와주고 있습니다.

중학년 즈음 되니 학교에서 배움 공책을 활용했습니다. 수업 시간에 배운 내용을 노트에 정리하는 방법이에요. 배움 공책은 교육

과정의 필수사항이 아니기 때문에, 선택은 선생님의 몫입니다. 배움 공책을 학교에서 한다면 아이가 정리한 노트를 보고 핵심을 잘 골라내어 쓰는지 관찰하세요. 배움 공책을 학교에서 활용하지 않는다면 단원평가, 중요한 수행평가가 있는 날엔 교과서를 공부한 후 보지 않고 글로 요약하며 적어 보기를 추천합니다. 아이는 학습 내용을 요약하면서 공부하는 방법을 터득하게 됩니다.

또 학교에서 하는 활동 중 제가 아이에게 전적으로 맡기는 글쓰기가 있습니다. '체험학습보고서'입니다. 학교를 결석하고 가족 여행을 계획했다면 학교에 체험학습신청서와 보고서를 꼭 내야 합니다. 의무사항인데요. 이때 아이에게 보고서를 맡겨보세요. 양식은 저마다 다르게 써도 되지만 일기 양식을 추천합니다. 하루에 한 장씩 그날의 체험한 내용을 써야 하니까요. 수업 시간을 빠지면서까지 하는 여행이잖아요. 학교 수업을 대신한다고 하면 아이들은 거부감 없이 보고서를 씁니다. 원칙적으로도 체험학습보고서는 아이가 쓰는 것이지요. 아이에게 본 것, 경험한 것, 느낀 것, 배운 것을 쓰도록 해보세요. 체험학습보고서를 쓰면서도 아이의 글쓰기 실력은 훌쩍 자랄 것입니다. 체험학습이 단순히 학교를 빠지는 게 아니라 학습의 연장이라는 것도 깨닫게 됩니다.

솔직히 말씀드리면, 우선순위에서 학교 글쓰기가 집에서 하는 글쓰기보다 위에 있어야 합니다. 선생님이 내준 글쓰기 숙제와 활동을 완벽하게 이해하면 집 글쓰기도 수월하게 이루어집니다. 학교

쓰기 공부엔 구멍이 있는데도 수준에 맞지 않는 집 글쓰기에만 집중한다면 밑 빠진 독에 물 붓기나 마찬가지예요. 학교에서 잘 써먹으려고 집에서도 글쓰기하고 있잖아요. 아이가 학교에서 써온 글을 관심 있게 봐주세요. 아이의 쓰기가 선생님이 이끄는 대로 잘 따라가는지, 학년에 맞는 걸음으로 가고 있는지 객관적인 시각으로 바라보세요.

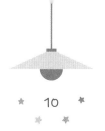

10

아이의 논술을 돕는
엄마의 글쓰기

쓰기를 돕는 엄마의 말

학교에서 실력 있는 선생님들은 하나같이 공통점이 있습니다. 바로 뛰어난 발문 기술입니다. 발문은 학생들이 스스로 다양한 사고를 하면서 답을 찾을 수 있게 유도하는 질문을 말합니다. 학습 내용을 교과서에 적힌 대로 읽으며 주입식으로 설명할 수도 있지만, 잘 가르치는 선생들은 적절하게 발문을 활용해요. 학습 주제의 호기심을 갖도록 할 때, 학습 내용의 이해를 돕고자 할 때, 주요 내용의 응용력, 문제해결력을 요구할 때 등 다양한 상황에서 발문을 활용합니다. 학생들은 발문에 대답하며 생각하게 되고 지식을 자기 것으로 만들기가 쉬워집니다.

발문에서 학생에게 '네.', '아니요.' 답을 바라는 질문은 아이들의 사고력에 별 효과를 보지 못합니다. 학생들의 지적 수준에 맞게 질문합니다. 상황에 따라 발문의 형식은 다르겠지만, 특히 좋은 발문은 창의적 사고를 일으키기에도 충분해요. 탐구심, 사고력을 자극하는 고차원의 발문은 학생의 정신 능력을 계발시킵니다. 학생들은 과제 해결을 수월하게 하고 창조적 활동에도 적극적으로 임합니다.

집에서 하는 글쓰기도 비슷합니다. 주제만 던져진다고 아이들이 술술 쓰리라는 기대를 버려야 해요. 아이의 머릿속에 복잡하게 뒤섞여 있는 생각이 풀어질 수 있게 엄마의 효과적인 질문이 필요합니다. 대화가 필수입니다.

큰아이는 일기 쓰기, 주제 글쓰기, 신문 활용 글쓰기, 논술 쓰기, 반성문 쓰기, 체험학습 보고서 쓰기 등 어느 글쓰기도 처음부터 스스로 뚝딱 글쓰기를 완성한 적이 없습니다. 엄마와 대화하며 아이는 생각을 정리했습니다. 그러면 글쓰기가 훨씬 만만해집니다. 엄마랑 함께하는 기분이 들어 쉽게 연필을 듭니다.

질문을 어렵게 생각할 필요는 없습니다. 글쓰기에서도 육하원칙에 맞추어 질문하는 것이 유효합니다. 아이의 생각이 무엇인지, 왜 그런지, 어떻게 하고 싶은지 등 구체적인 생각이 나오도록 묻습니다. 엄마의 의견을 말하는 것도 좋은 방법입니다. 예시 답안을 보여주는 효과이지요. "엄마의 생각은 이런데, 너의 생각은 어때?"라고 묻습니다. 그러면 아이는 조금 더 쉽게 생각을 끄집어냅니다.

신문 활용 글쓰기를 할 때 저도 꼭 신문 기사를 읽습니다. 그래야 지만 아이와 공감하는 대화가 가능하니까요. 엄마도 '내가 아이라 면?'이라고 생각해 보세요. 아이의 입장이 되어 오늘 기사의 내용이 어떻게 생각될지 가늠하며 궁금한 것을 아이에게 묻습니다. 아이에 게 답을 가르쳐주기보다 아이가 생각하도록 질문합니다.

아이디어가 충분히 나오도록 대화를 나눈 후에 써온 글이 마음 에 들지 않을 수 있습니다. 하지만 기꺼이 칭찬합니다. 공들여 꾹꾹 눌러 써온 글씨가 엄마 마음엔 삐뚤빼뚤해도, 주어와 서술어가 맞 지 않아도, 맞춤법이 틀렸어도 잘했다고 격려하고 보는 겁니다. 인 공지능도 못 하는 창의력을 발휘해서 써낸 글입니다. 아이의 글을 인정하고 칭찬의 말을 건네세요. 칭찬할 때는 "잘했어."라는 말보다 쓰여 있는 글 중 좋은 문장을 콕 꼽아서 구체적으로 긍정의 피드백 을 하는 게 좋습니다.

마음 잡고 아이의 글쓰기를 지도해도 아이의 결과물이 마음에 들 지 않을 때가 있을 거예요. 더 좋은 아이디어를 내고 충분히 훌륭한 글을 쓸 수 있는 아이인데 완성된 글솜씨를 보면 아쉬운 마음이 크 지요. 그렇다 하더라도 열심히 생각하고 창의적으로 표현한 아이의 노력에 칭찬을 아끼지 마세요. 다음엔 더 좋은 글을 쓰리라 기대하 면서요. 우리 아이의 글은 점점 아름다워지고 있습니다.

엄마의 매일 글쓰기

아이의 글쓰기를 위해 엄마의 글쓰기를 권유합니다. 저는 블로그에 글을 매일 쓰고 있습니다. 소소한 일상, 진지한 아이 교육 정보, 인상 깊었던 책의 서평까지 다양하게 글을 씁니다. 글을 써보니 글재주가 성장하는 게 느껴집니다. 1년 전 글과 오늘의 글을 보면 비교할 수 없이 다르거든요. 엄마의 글솜씨가 좋아지면 아이의 글쓰기 지도에도 좋은 점이 있습니다.

글쓰기 안목이 생깁니다. 아이의 글을 보고 잘 쓰인 글과 그렇지 않은 글을 판단할 수 있습니다. 꼭 독서지도사 자격증을 가지고 있지 않아도 글쓰기를 꾸준히 하면 글 선생님 이상으로 전문가가 될 수 있습니다. 미역국을 끓여본 사람이 미역국 끓이는 방법을 다른 사람에게 알려주는 것과 마찬가지이지요. 아이가 좋은 글을 쓰도록 안내하는 실력이 생깁니다.

또 아이의 심정이 이해가 갑니다. 글쓰기는 그렇게 만만한 상대가 아닙니다. 어렵습니다. 아이가 머리를 뜯으며 왜 고뇌하는지 알게 될 겁니다. 엄마가 글쓰기를 하며 아이의 마음을 헤아리면 아이의 못난 글쓰기 결과도 값진 선물로 다가옵니다. 부족한 글이라도 읽는 사람이 반겨주면 얼마나 고마운 일인지 깨달으며 아이에게 글쓰기에 대한 잔소리가 줄어듭니다.

글쓰기를 취미로 하는 엄마를 아이는 보고 배웁니다. 엄마가 하는 건 무엇이든 따라 하고 싶은 게 아이들 마음입니다. 짧은 글이라도 메모를 적거나 블로그에 올려보세요. 글 쓰는 엄마를 아이는 본받고 싶어 합니다.

또한 엄마의 책 읽기가 습관이 됩니다. 쓰기의 단짝은 독서입니다. 쓰기를 잘하기 위해서는 잘 다듬어진 글을 읽어야 해요. 아이들의 쓰기 능력을 위해 독서를 해야 하는 이유도 설명했지요. 엄마가 글을 쓰기로 마음먹었다면 책을 읽을 수밖에 없습니다. 엄마만의 책을 찾는 자신을 발견하게 될 겁니다. 읽기와 쓰기가 선순환되어 톱니바퀴 구르듯 서로의 능력을 더 발휘하게 됩니다.

바쁜 일상에 엄마의 글쓰기는 불가능할지 모르겠습니다. 각자 상황에 맞게 한 줄 쓰기부터 시작해보는 건 어떨까요? 어른 책도 좋고 아이가 읽는 그림책도 좋습니다. 좋은 문구가 있다면 가계부에라도 옮겨 적어 보세요. 아이가 볼 수 있게 냉장고에 메모를 붙여놓아도 환영입니다. 아이가 매일 글을 쓰듯 엄마도 습관을 들여보세요. 사소한 루틴이지만 꾸준히 하다 보면 위의 효과들이 하나둘 나타나게 될 겁니다. 그리고 아이의 글쓰기처럼 치유의 효과를 맛볼 수 있습니다. 글을 쓰며 엄마도 모르게 스트레스가 풀립니다. 내면을 살피는 자신을 발견하게 됩니다.

따라 하면 실력이 쑥쑥 느는 꿀팁
영어 쓰기도 우리말처럼

아이에게 영어를 교육하며 가장 바라는 모습은 영어로 된 에세이를 술술 쓰는 모습일 겁니다. 듣기, 읽기, 말하기를 넘어서야 도달할수 있는 지점이 쓰기여서 더욱 간절합니다. 한글 글쓰기처럼 언어발달에 있어서 가장 늦게 발현되는 영역이 영어에서도 쓰기입니다. 다수의 엄마표 영어 관련 자녀 교육서를 보면 영어 글쓰기는 애 닳지 않아도 저절로 나온다고 합니다. 맞습니다. 기다리면 아이는 저절로 영어 글을 쓰게 됩니다. 우리말처럼이요.

욕심내지 않는 영어 글쓰기

큰아이가 초1 때입니다. 영어를 접한 지 1년이나 되었을까요? 이제 막 리더스북을 읽고 유아들이 보는 영상을 즐겨보던 때였어요. 제 친구의 아들도 초1이었습니다. 그 아이는 대형 어학원을 1학년초부터 다녔지요. 그때가 1학년 2학기였는데요. 아이가 학원 교재에 쓴 영어 글을 보고 저는 놀라움을 금치 못했습니다. 이제 6개월 밖에 학원을 안 다녔다는데 완벽한 문장으로 열 줄 넘게 영어 글쓰기를 해냈습니다. '내 아이는 영어를 써본 적도 없는데…'라며 저도 모르게 제 아이를 그 아이와 비교하게 되었습니다.

앞서가는 옆집 아이를 보면 현실적으로 마음이 조마조마합니다. 영어유치원을 나온 아이, 외국에서 온 아이뿐 아니라 대형 어학원을 다니는 친구 아이의 영어 실력을 보면 부럽기만 합니다. 당장에 아이에게 문법을 가르치고 문장을 쓰는 법을 알려주고 싶습니다. 못할 거 없습니다. 아이는 엄마의 욕심만큼 시키면 시키는 대로 잘 따라와 줄 겁니다.

진지하게 고민해봅시다. 우리 아이 영어 글쓰기의 최종 목표는 무엇인가요? 한글 글쓰기를 얘기하며 누누이 힘주어 말했습니다. 형식보다 '내용'이라고요. 껍데기보다 '알맹이'입니다. 영어도 똑같습니다. 영어 글쓰기 기술은 말 그대로 아이가 금방 배울 수 있습니다. 우리가 중학교 때 배운 영어처럼요. 그렇지만 아이 안에 있는 콘텐츠가 없다면 글쓰기 기술만 안다고 무슨 소용이 있을까요? 한글 글쓰기를 위해 독서에 매진했듯이 영어도 독서가 선행되어야 합니다. 효용성을 따져보세요. 저학년 때 6개월 걸려 배울 글쓰기 형식은 고학년이면 며칠 만에도 뗄 수 있습니다. 독서에 힘을 썼다면요.

친구 아이에게 부러운 마음이 들었던 건 사실이지만, 마음을 다잡았습니다. 한글로도 글쓰기를 하려면 독서가 충분히 이루어지고, 읽기 독립이 되어야 가능했던 것처럼 내 아이의 발걸음에 맞는 시기를 기다렸습니다. 영어도 혼자 읽기가 가능한 때를 말이지요. 그럴수록 더욱더 영어 원서 독서를 소홀히 하지 말아야겠다고 다짐했습니다.

기적은 일어났습니다. 큰아이는 한글 읽기 독립 이후 몇 달 있어 영어 읽기 독립이 되었습니다. 그즈음 한글 글쓰기로 일기 쓰기와 주제 글쓰기를 했었는데요. 아이는 시키지 않았는데도 영어로 자유롭게 낙서하는 모습을 보여주었습니다. 처음엔 단어였던 게 점점 문장으로 바뀌었습니다. 인생 책《Tom Gates》를 만나며 책에 있는 내용을 따라 쓰고, 바꿔 쓰고 자발적인 글쓰기가 이루어졌습니다.

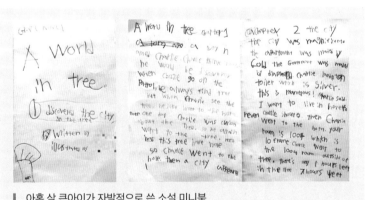

▌ 아홉 살 큰아이가 자발적으로 쓴 소설 미니북

한글 글쓰기보다 뒤처져 있던 영어 글쓰기 실력은 어느새 어깨를 나란히 하게 되었습니다.

친구 아이와 비교해서 미안한 말이지만, 3학년이 되어 쓴 에세이를 비교하면 제 아이의 글이 훨씬 유창합니다. 무엇보다 짜 맞추어 쓰는 글이 아니라 한글처럼 저절로 나오는 글입니다. 글쓰기가 익숙해지면 문장의 주어, 술어, 목적어 등을 따지지 않고 내용에만 집중해서 글을 쓸 수 있습니다.

영어 글쓰기에 욕심내지 마세요. 연필을 들게 하는 것보다 먼저 책을 들게 하세요. 독서에 욕심내는 게 전략적인 방법입니다. 아이가 좋은 글, 재미있는 이야기를 충분히 읽게 해주세요. 글쓰기는 나중입니다. 기다리세요. 아이는 준비가 되면 자기 글을 아무렇지 않게 보여줍니다. 그때 욕심내도 늦지 않습니다.

한 걸음 뒤에서 한글 글쓰기처럼

영어 글쓰기의 핵심은 한글 글쓰기에 있습니다. 한글 글쓰기 하듯 시기와 방법을 따라 하면 영어 글쓰기가 됩니다. 엄마가 영어를 못한다고 두려워하지 마세요. 엄마가 영어 전문가여도 아이가 영어를 잘하리라는 법도 없고요. 엄마가 영포자였어도 아이가 영어를 원어민처럼 잘하는 경우도 많이 봐왔습니다. 차라리 못하는 게 좋을 수도요. 아는 체하며 잔소리하지 않아도 되니까요. 칭찬만 하면 됩니다.

영어 글쓰기에 대해 핵심을 말씀드리겠습니다. 영어 글쓰기의 모든 전제는 영어책 읽기와 영어 영상 보고 듣기가 전제되어 있어야 합니다. 우리말 환경에서 아이들이 자연스럽게 말을 배우고 글을 쓰는 것처럼이요. 영어 듣기와 읽기가 없으면 모국어처럼 쓰는 영어 글쓰기까지의 효과는 보장받기 어렵습니다.

1단계는 알파벳 떼기입니다. 영어책을 읽으면 알파벳도 당연히 쓸 수 있다고 하지만 한글 떼듯이 알파벳은 연습이 필요합니다. 알파벳을 따라 써보며 익히는 게 좋습니다. 영어에서 많이 쓰이는 사이트 워드를 조금씩 쓰며 연습합니다. 읽기 독립 전에 활용하세요. 한글 해석을 굳이 하지 않아도 되지만, 한글 뜻을 알려주어도 무관합니다.

2단계는 하루 한 줄 필사입니다. 한 줄짜리 그림책에서 벗어나 리더스북을 읽을 때쯤이면 하루 한 줄 필사를 실천해보세요. 아이가 매일 읽은 책에서 모르는 단어가 있는 하나의 문장을 공책에 베껴 씁니다. 그리고 모르는 단어를 사전에서 찾아 한글로 뜻을 적습니다. 아이는 한 줄을 적으며 문장 구조를 자연스럽게 익히고 모르는 단어를 하나씩 알게 됩니다. 제 아이는 지금도 매일 한 줄 필사를 하고 있습니다. 아이가 그러더군요. "한 줄 쓰기를 매일 하니깐 모르는 단어를 정확하게 알 수 있어요." 저절로 아이의 단어장이 만들어집니다. 그렇다고 단어를 따로 외울 필요는 없습니다. 짐스럽지 않아야 오래 할 수 있습니다.

3단계는 일기 쓰기입니다. 한글 일기 쓰기가 익숙하고 영어책의 난이도가 한글책과 비슷하다면 영어로도 충분히 일기를 쓸 수 있습니다. 일기 쓰기가 가능하다면 아이는 평소에도 영어 낙서를 할 겁니다. 한글 일기와 마찬가지로 서너 줄에서 시작하세요. 문법이 틀려도 괜찮습니다. 스펠링을 고쳐주지 마세요. 대문자, 소문자의 크기도 나무라지 말고요. 당연히 한글보다 잘 쓰지 못해요. 그냥 아이가 들어서 기분 좋을 말만 합니다. 저는 한글 일기는 주중, 영어 일기는 주말에 쓰도록 했습니다. 균형을 맞추어 일기 쓰기를 진행해보세요.

4단계는 자유 주제 쓰기입니다. 일기 쓰기가 익숙해지거나 지루해진다면 자유 주제로 글쓰기를 권합니다. 아이가 자유 주제 글쓰기가 자유롭다는 건 영어책 수준이 AR3~4 정도 되어야 가능할 겁니다. 늘 영어는 한글보다 한 발짝 뒤에 있다고 생각하고 아이의 수준에 맞게 글쓰기를 합니다. 저는 인터넷 사이트(www.meddybempsguide.com)에서 무료로 제공되는 활동지를 이용해 자유 주제 글쓰기를 했습니다. 짧게 써도 상관없습니다. 재미있게 쓰면 그만입니다.

5단계는 영자 신문 활용 글쓰기입니다. 한글로 어린이 신문을 꾸준히 읽었다면 영자 신문을 활용해서 글쓰기를 시도할 수 있습니다.

아이는 이미 영어 글쓰기에 자유로운 수준입니다. 한글 글쓰기 하듯 생각을 자유자재로 영어로 쓸 수 있어요. 문법이나 스펠링이 완벽하지 않지만, 글쓰기에 두려움이 없습니다. 영자 신문은 우리나라의 어린이 신문보다 학년별로 나누어져 있어서 활용도가 좋습니다. 챕터북을 읽는 수준부터 영자 신문을 접하면 배경지식을 익히는 데 유용한데요, 영자 신문 활용 글쓰기는 천천히 해도 상관없습니다. 저는 자유 주제 글쓰기와 마찬가지로 인터넷 무료 영자 신문인 타임포키즈(www.timeforkids.com)와 브레이킹뉴스(www.breakingnewsenglish.com)를 활용합니다. 구체적인 방법은 한글 글쓰기 방법과 똑같이 합니다.

큰아이의 첫 영어 일기 쓰기(위)와 2년 후 영자 신문 활용 글쓰기(아래)

6단계는 논술입니다. 어떤 문제에 대해 자기 의견과 타당한 이유를 들어 설명하는 글쓰기입니다. 초등 글쓰기의 정수이지요. 찬성, 반대 의견을 내는 주제로 시작합니다. 한글 글쓰기에서 썼던 주제를 다시 써보는 것도 효과적이고 새로운 토론 주제도 괜찮습니다. 찬반 주제에 대해 의견과 근거를 들 때 참고자료를 보거나 충분한 자료조사가 있으면 더욱 탄탄한 글을 쓸 수 있습니다.

• 초등 영어 쓰기 습관의 큰 그림 •

	1~2학년	3~4학년	5~6학년
쓰기 시간	주말 5분 내외	금~일 10분	금~일 10분
쓰기 수준	1줄~5줄	5줄~20줄	20~30줄(1,000자 이상)
쓰기 종류	알파벳 쓰기, 일기	자유 쓰기, 신문 활용 글쓰기 하루 한 줄 필사	신문 활용 글쓰기, 논설문
쓰기 목표	쓰기에 대한 흥미 높이기 부담 없이 쓰기	쓰기 자신감 높이기 생각하며 쓰기	쓰기의 습관화 주장, 근거를 들어 쓰기
쓰기 원칙		읽기와 듣기를 충분히 병행하기 아이의 수준에 맞추어 글쓰기 아이의 글에 지적하지 않기	

쓰기의 여섯 단계는 편의상 학년으로 나누었지만, 내 아이 수준에 맞게 진행되어야 합니다. 아이의 책 수준과 쓰기 신호를 감지하여 시작합니다. 첨삭은 필요 없습니다. 아이는 독서를 통해 이미 글

쓰기 방법을 터득했습니다. 자연스럽게 고쳐나갈 거에요. 정 불안하다면 한 바닥 가득 에세이를 쓸 수준이 된 후 전문가에게 첨삭을 맡기는 편이 낫습니다. 그전까지는 쓰기에 자신감을 북돋는 긍정의 말만 해주세요.

비트겐슈타인은 "내 언어의 한계는 내 세계의 한계다."라고 말했습니다. 한글을 넘어 영어가 자유로운 아이들의 안목은 세계를 향하게 됩니다. 정보의 바다에서 거침없이 항해하며 자기 의견을 내는 데 두려움이 없습니다. 해답은 국어 실력에 있습니다. 굳건한 국어 실력 위에 영어 실력도 쌓입니다. 국어 실력이 한순간에 나타나지 않듯 영어 실력을 위해 꾸준함은 꼭 수반되어야 합니다. 멀리 보고 아이의 발걸음에 맞추어 걸어가세요. 자기 철학을 영어로 표현하는 데 자신감이 넘치도록 말이에요. 영어의 끈을 놓지 마세요. 아이에게 더 넓은 세계를 선물하세요.

부록

필요할 때
바로 사용하는
주제 60

바로 읽는 도서 목록 60

• 초1~2학년 •

	책제목	지은이	출판사	제작연도	쪽수
1	늑대가 들려주는 아기 돼지 삼형제 이야기	존 셰스카	보림	2008	28쪽
2	엄마를 화나게 하는 10가지 방법	실비 드 마튀이시윅스	어린이작가정신	2004	26쪽
3	틀려도 괜찮아	마키타 신지	토토북	2018	30쪽
4	아씨방 일곱동무	이영경	비룡소	2009	32쪽
5	재주꾼 오형제	이미애	시공주니어	2006	40쪽
6	솔이의 추석 이야기	이억배	길벗어린이	1995	40쪽
7	욕심쟁이 딸기 아저씨	김유경	노란돼지	2012	48쪽
8	짜장 짬뽕 탕수육	김영주	재미마주	1999	43쪽
9	작은 집 이야기	버지니아 리 버튼	시공 주니어	1993	50쪽
10	책 먹는 여우	프란치스카 비어만	주니어김영사	2001	50쪽
11	내 마음의 동시 1학년	김양순	계림닷컴	2011	126쪽
12	만복이네 떡집	김리리	비룡소	2010	52쪽
13	변신돼지	박주혜	비룡소	2017	84쪽
14	나쁜어린이표	황선미	웅진닷컴	2017	88쪽
15	가방 들어주는 아이	고정욱	사계쩔	2014	95쪽
16	만희네 글자벌레	권윤덕	길벗어린이	2011	108쪽
17	아홉 살 마음 사전	박성우	창비	2017	168쪽
18	마법의 설탕 두 조각	미하엘 엔데	소년한길	2005	92쪽
19	내멋대로 친구 뽑기	최은옥	주니어김영사	2018	96쪽
20	삼백이의 칠일장	천효정	문학동네	2014	128쪽

바로 읽는 도서 목록 60

• 초3~4학년 •

	책제목	지은이	출판사	제작연도	쪽수
1	화요일의 두꺼비	러셀 에릭슨	사계절	2008	28쪽
2	리디아의 정원	사라 스튜어트	시공주니어	2004	26쪽
3	아낌없이 주는 나무	쉘 실버스타인	시공주니어	2000	52쪽
4	만년샤쓰	방정환	길벗어린이	2019	56쪽
5	한밤중 달빛 식당	이분희	비룡소	2018	88쪽
6	나는 3학년 2반 7번 애벌레	김원아	창비	2016	104쪽
7	지우개 따먹기 법칙	유순희	푸른책들	2011	104쪽
8	젓가락 달인 돌개바람	유타루	바람의아이들	2014	120쪽
9	프린들 주세요	앤드루 클레먼츠	사계절출판사	2001	154쪽
10	꽃들에게 희망을	트리나 폴러스	시공주니어	1999	160쪽
11	악플 전쟁	이규희	별숲	2013	174쪽
12	학교에 간 사자	필리파 피어스	논장	2010	176쪽
13	수상한 화장실	박현숙	북멘토	2013	204쪽
14	초정리 편지	배유안	창비	2013	216쪽
15	잘못 뽑은 반장	이은재	주니어김영사	2009	220쪽
16	샬롯의 거미줄	엘윈 브룩스 화이트	시공주니어	2000	242쪽
17	푸른 사자 와니니	이현	창비	2015	216쪽
18	찰리와 초콜릿 공장	로알드 달	시공주니어	2019	260쪽
19	파랑새	모리스 마테를링크	시공주니어	2015	195쪽
20	이솝 우화	이솝	비룡소	2013	256쪽

	책제목	지은이	출판사	제작연도	쪽수
1	어린왕자	생텍앙투안 드 생텍쥐페리	열린책들	2015	136쪽
2	우리들의 일그러진 영웅	이문열	다림	1998	157쪽
3	갈매기의 꿈	리처드 바크	나무옆의자	2018	160쪽
4	담을 넘은 아이	김정민	비룡소	2019	164쪽
5	서찰을 전하는 아이	한윤섭	푸른숲주니어	2011	176쪽
6	자전거 도둑	박완서	다림	1999	184쪽
7	책과 노니는 집	이영서	문학동네	2009	192쪽
8	노인과 바다	헤밍웨이	민음사	2012	193쪽
9	마당을 나온 암탉	황선미	사계절	2002	199쪽
10	바꿔!	박상기	비룡소	2018	200쪽
11	크리스마스 캐럴	찰스 디킨스	시공주니어	2003	204쪽
12	빨강 연필	신수현	비룡소	2011	207쪽
13	불량한 자전거 여행	김남중	창비	2009	230쪽
14	열두 살에 부자가 된 키라	보도 섀퍼	을파소	2014	256쪽
15	몽실언니	권정생	창비	2012	300쪽
16	나의 라임 오렌지 나무	J.M. 바스콘셀로스	동녘	2003	301쪽
17	괭이 부리말 아이들	김중미	창비	2013	320쪽
18	창가의 토토	구로야나 테츠코	김영사	2019	352쪽
19	모모	미하엘 엔데	비룡소	1999	367쪽
20	아름다운 아이	R.J. 팔라시오	책과콩나무	2012	480쪽

가볍게 시작하는 대화 주제 60

	주제
1	오늘 가장 감사했던 일은 무엇일까?
2	오늘 새롭게 한 경험은 무엇이니?
3	1년 후 어떤 사람이 되고 싶어?
4	가족은 너에게 어떤 존재일까?
5	우리 생활에 수학은 어디에 쓰일까?
6	책은 왜 읽어야 할까?
7	학교가 없는 세상은 어떨까?
8	너에게 가장 소중한 물건은 무엇일까?
9	무엇을 할 때 가장 즐거워?
10	방을 정리하지 않으면 어떻게 될까?
11	돈이 사라지는 세상은 어떤 모습일까?
12	좋은 부모란 무엇일까?
13	너에게 시간은 어떤 의미가 있을까?
14	어른이란 어떤 사람일까?
15	너에게 소중한 친구란 무엇이니?
16	선생님이 존재하는 이유는 무엇일까?
17	세상에서 가장 사랑하는 사람은 누구이니?
18	자기 자신을 믿지 않으면 어떤 일이 벌어질까?
19	매사에 부정적으로 생각하면 훗날 어떻게 될까?
20	같은 교실에서 같은 교과서로 배우는데 왜 모두 공부 실력이 다를까?
21	세상에서 가장 슬픈 일은 무엇일까?
22	숲에 있으면 기분이 어때?
23	밥 대신 초콜릿만 먹는다면 일주일 뒤 어떻게 될까?
24	자신이 가장 자랑스러울 때는 언제였어?
25	단 하루만 살 수 있다면 무엇을 하고 싶어?
26	앞을 보지 못한다면 어떤 하루를 보내게 될까?
27	친구에게 언짢은 말을 들었을 때는 어떻게 행동해야 할까?
28	왜 미워하는 사람이 생길까?
29	창의력은 어디에서 나올까?
30	가장 존경하는 인물은 누구니?

	주제
31	지금 나의 의무는 무엇일까?
32	잠을 자지 않으면 어떤 일이 벌어질까?
33	사람은 하고 싶은 일만 하고 살면 어떻게 될까?
34	스트레스를 받으면 어떻게 푸니?
35	북한에서 태어났다면 어떤 삶을 살고 있을까?
36	성공이란 무엇을 의미할까?
37	최근에 가장 후회되는 일은 무엇이야?
38	식물은 숨을 쉬고 있을까?
39	우주 밖에는 다른 생명체가 살고 있을까?
40	사람들이 눈을 보지 않고 말한다면 어떻게 될까?
41	로봇이 인간을 지배하는 날이 올까?
42	생일에 가장 갖고 싶은 선물은 무엇이니?
43	사람이 웃지 않으면 어떤 일이 생길까?
44	문자가 없다면 세상은 어떤 모습일까?
45	처지가 어려운 사람을 도와야 하는 이유는 무엇일까?
46	게임 중독은 왜 생길까?
47	틀린 수학 문제를 다시 풀어야 하는 이유는 무엇일까?
48	올림픽에서 은메달 딴 선수가 행복할까, 동메달 딴 선수가 행복할까?
49	길거리에 쓰레기를 버리는 사람을 보면 어떤 생각이 들어?
50	거짓말은 늘 나쁜 것일까?
51	고치고 싶은 언어습관은 무엇이야?
52	양심은 무엇일까?
53	실패에도 도전하는 이유는 무엇일까?
54	최근 가장 억울한 일은 무엇이니?
55	부모님이 잘못을 지적할 때 어떤 말을 해주면 좋겠어?
56	자기 모습이 싫어질 때는 어떤 생각을 해?
57	공부란 무엇일까?
58	지금 너의 가장 큰 고민은 무엇이야?
59	너의 꿈은 무엇이니?
60	꿈을 이루기 위해서는 어떻게 해야 할까?

아이가 직접 써보는 논술 주제 60

	주제
1	교실에 CCTV를 설치해야 할까?
2	인터넷 게임, 셧다운 제도에 대한 내 생각은?
3	부자들의 기부는 의무일까?
4	강력 범죄자의 신상을 보호해야 할까?
5	코로나 백신, 청소년 의무화는 필요할까?
6	애완동물을 기르는 것이 좋을까?
7	법은 꼭 지켜야 할까?
8	포털사이트에서 연예인과 스포츠선수에게 댓글 금지는 타당한가?
9	성형 수술은 필요할까?
10	성공이 우선일까, 행복이 우선일까?
11	대가족이 좋을까, 핵가족이 좋을까?
12	초등학생의 이성 교제는 필요할까?
13	초중고 교내 휴대전화 사용 전면 금지에 대한 내 생각은?
14	동물원은 동물을 위한 것일까, 사람을 위한 것일까?
15	로봇이 그린 그림도 예술 작품이 될까?
16	교도소의 노래방 설치는 타당한가?
17	공공장소에서 반려견 산책 금지에 대한 내 생각은?
18	대통령에게 적절한 드레스 코드가 있을까?
19	레시피에도 표절이 있을까?
20	사형제도 폐지에 대한 내 생각은?
21	노키즈 존은 타당한가?
22	초등학교에서 시험은 필요한가?
23	조기유학은 필요한가?
24	고기 없는 채식 위주 급식은 타당한가?
25	인간과 똑같은 로봇을 개발해도 될까?
26	사람의 안락사를 허용해도 될까?
27	통일은 꼭 필요할까?
28	대학교는 꼭 가야 할까?
29	인터넷 실명제는 필요할까?
30	연예인들의 사진을 찍는 파파라치의 행동은 정당한가?

초등 글쓰기가
입시를 결정한다

초판 1쇄 발행 2022년 11월 4일

지은이 박은선

책임편집 이가영
디자인 김소영

펴낸이 최현준
펴낸곳 빌리버튼
출판등록 제2016-000166호
주소 서울시 마포구 월드컵로 10길 28, 201호
전화 02-338-9271 | **팩스** 02-338-9272
메일 contents@billybutton.co.kr

ISBN 979-11-91228-92-2 (03370)